謹以此書獻給敬愛的雙親

近看兩蔣

家事與國事

一九四五～一九八八 軼事見聞錄

鄭佩芬 著

前言

一九四五年至一九八八年的四十三年間，在蔣介石與蔣經國父子主政的國民黨政府治理下的臺灣：肯定他們的人，認為那段歲月是太平盛世，生活從清苦到富裕，社會祥和，人民安居樂業，堪稱盛世；否定他們的人，認為那是白色恐怖的年代，在威權統治下，是一段有人坐大牢，甚或丟了性命的悲慘歲月。

若要論兩蔣的歷史功過，是嚴肅的議題，就留待史家去評斷。作為媒體人，我只能就親眼目睹或親身經歷的真相與事件，記載下來，與關心臺灣那段日子的朋友們分享。

蔣家人物關係圖

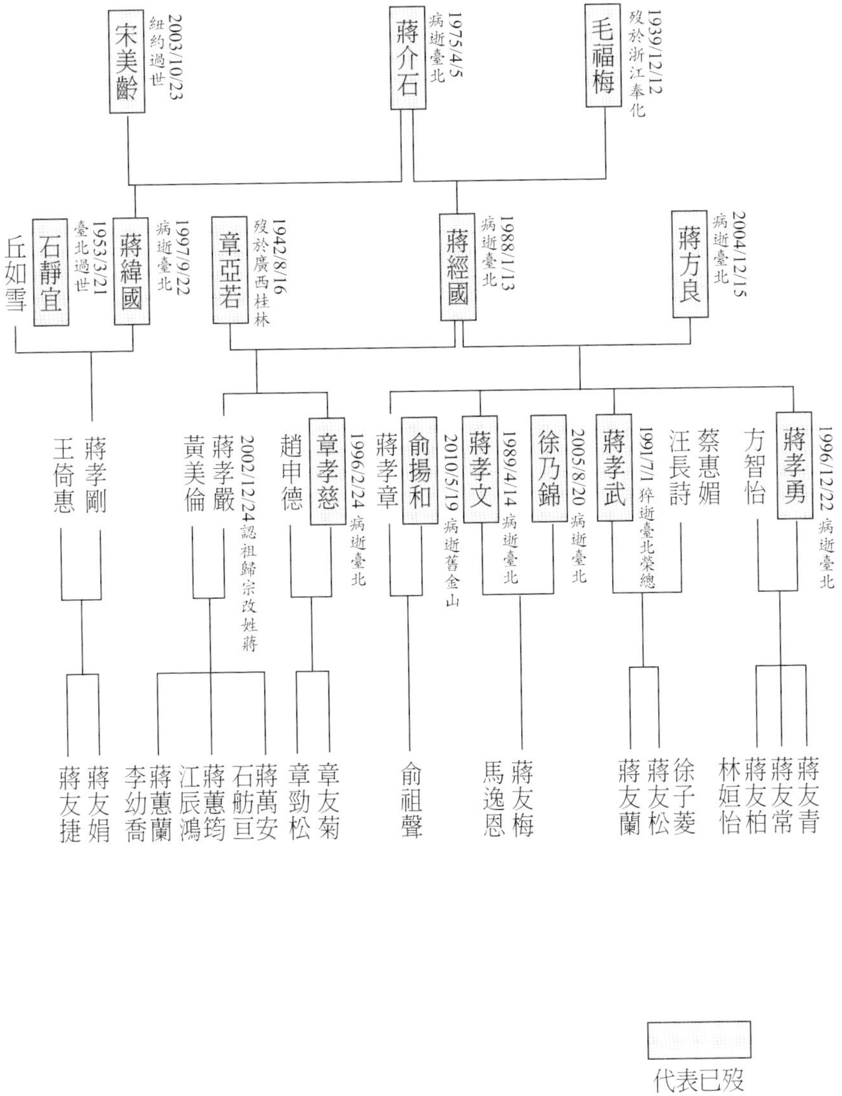
宋美齡 2003/10/23 紐約過世
蔣介石 1975/4/5 病逝臺北
毛福梅 1939/12/12 歿於浙江奉化
丘如雪
石靜宜 1953/3/21 臺北過世
蔣緯國 1997/9/22 病逝臺北
章亞若 1942/8/16 歿於廣西桂林
蔣經國 1988/1/13 病逝臺北
蔣方良 2004/12/15 病逝臺北
蔣孝剛
王倚惠
蔣孝嚴 2002/12/24 認祖歸宗改姓蔣
黃美倫
章孝慈 1996/2/24 病逝臺北
趙申德
蔣孝章
俞揚和 2010/5/19 病逝舊金山
蔣孝文 1989/4/14 病逝臺北
徐乃錦 2005/8/20 病逝臺北
蔣孝武 1991/7/1 猝逝臺北榮總
蔡惠媚
汪長詩
蔣孝勇 1996/12/22 病逝臺北
方智怡
蔣友娟
蔣友捷
蔣萬安
石舫亘
蔣蕙筠
江辰鴻
蔣蕙蘭
李幼喬
章友菊
章勁松
俞祖聲
蔣友梅
馬逸恩
徐子菱
蔣友松
蔣友蘭
蔣友青
蔣友常
蔣友柏
林姮怡
代表已歿

自序

別認為我倚老賣老，就目前檯面上的資深媒體人而言，若論年資、見聞，以及所經歷過的當代政治事件、接觸過的當代人物，涵蓋面之廣，能夠超越我的人，坦白說，還真的不多見。個人的這些閱歷，絕非只靠自己的努力與機運，事實上，是承蒙先父母的庇蔭，與前輩、長者的引導與栽培。

談到先父母的庇蔭，必須回溯到抗日戰爭的年代。有醫學背景的父親，一如當時的年輕人，投身軍旅，一九三六年三月，從陸軍第九十三師的五五五團司令部一等軍醫佐軍醫開始，一九四一年九月一日升任第六軍五十五師野戰醫院院長，一九四九年六月在聯勤總部第七十二醫院一等軍醫正院長結束，服務過的長官，包括甘麗初、盧致德、徐希麟、林可勝、陳立楷、陳誠。任內曾經歷過魯南會戰、鄂南會戰、桂南會

▲敬愛的雙親

戰、遠征緬甸、滇西反攻、東北剿匪等戰役。
　　十餘年間，年輕的軍醫院院長夫婦所結識的長官、同僚，以及援華的國際人士，所在多有。長年以來，母親都會對著子女們如數家珍，細說當年的故事，因此從小得以耳濡目染，受益匪淺。來臺初期，也會帶著我們走訪當年的老長官，諸如軍醫署長陳立楷，以及家住景美的杜聿民將軍的妻子等。

　　來臺後，父親自一九五五年至一九六一年間，曾擔任過兩屆臺北縣議員，由於雷震是我們家的鄰居，兩家隔著竹籬笆，偶爾還可以互通有無；此外，父親又寫得一手好文章，因此與《公論報》發行人李萬居等人也有好交情，父親可說是最早接觸到黨外人士的國民黨從政黨員。只是，如今回想起來，這些牽扯，對父親而言，不知是福是禍。

　　一九七二年，我學成回國工作，適逢蔣經國開始掌政，受到曾擔任蔣介石、蔣經國祕書，同時也是蔣經國贛南子弟兵的《中央日報》社長楚崧秋的提攜，進入國民黨黨報《中央日報》工作；此外

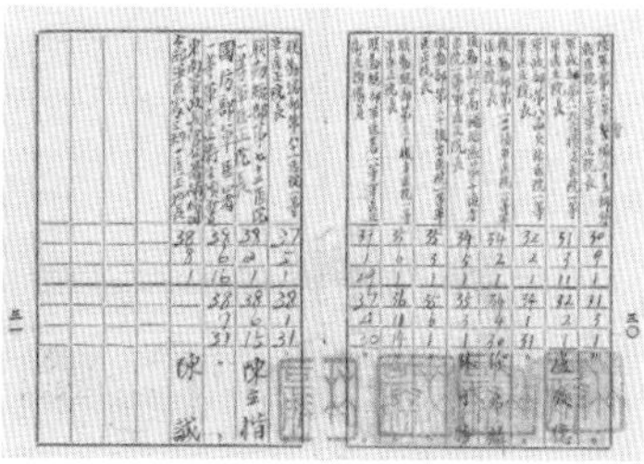

▲父親擔任野戰醫院院長的經歷。

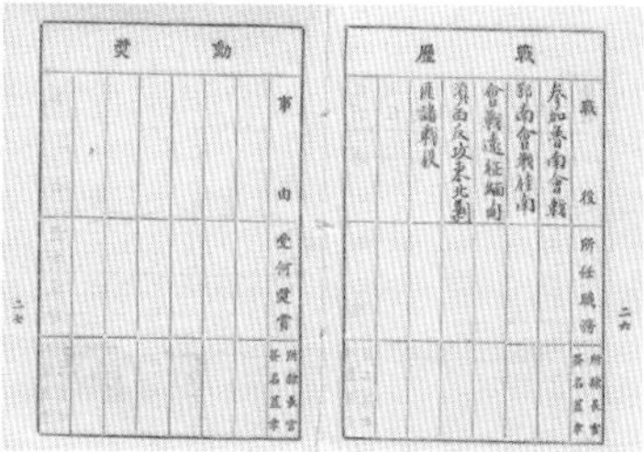

▲父親參與過的戰役。

▲辜振甫夫人辜嚴倬雲與我（1978年攝於關島）。

▲1984年我因《縱橫天下》一書，獲頒「第十屆國家文藝獎」。

也受到時任「中華民國基督教女青年會」理事長，亦即臺籍大老辜振甫的夫人辜嚴倬雲女士的拉拔與栽培。

進入《中央日報》工作，讓我有機會見識各種黨政高層活動，並提供採訪國內外名人政要的機會，在一九七〇年代一黨獨大的時代，黨報在國內外的影響力非同小可。

一九八四年，我將十年間曾在報刊上發表過的文字集結成書，取名《縱橫天下》，同年，該書獲頒第十屆國家文藝獎，也因為這項殊榮，獲得母校國立成功大學頒發「第一屆成大校友傑出成就獎」。

追隨辜嚴倬雲女士參與基督教女青年會的社會工作，擴大了我在新聞工作領域外的社交和生活面，在長達四十年的歲月中，辜嚴倬雲女士帶著我走遍世界，參與各類國際婦女活動，年輕的我在國際舞臺上，不僅獲得各國婦女領袖的肯定，也練就了身處各種大型國際場合，皆能泰然自若、從容以對的好本事。這樣的機緣，絕非任何一個有新聞素養或有才氣的媒體人可以成就的。

此外，還要感謝李煥、宋時選、潘振球等幾位先生，隨時給予的指導、提攜、鼓勵與照顧，在高層的權力輪替過程中，不僅可以近距離觀察，並目擊事件發生的時、地、原因，以及所涉及的人物，而免於被波及，淹沒在政治的狂潮裡。

為了回應周遭許多親朋好友的鼓勵，藉此機會，將四十年來的所見所聞集結成冊，以示對曾經引領我見證臺灣政壇與上層社團的《中央日報》前社長楚崧秋先生，與目前擔任中華民國婦女聯合會主任委員，也是宋美齡欽點的接班人辜嚴倬雲女士，致上最大的感恩與最誠摯的謝意。希望這本拖延多年的《近看兩蔣家事與國事》，不會辜負前述幾位長輩的厚愛。

目錄

蔣經國時代

後兩蔣時代

附錄

蔣介石時代

01 埤腹路是臥虎藏龍之地

一九五二年至一九六四年間，我們家住在臺北的埤腹路（註1），也就是如今木柵區的和興路。小時候常聽母親說：「埤腹路是臥虎藏龍之地。」長大後才了解母親的話，因為鄰居們都是當代頗有來頭且鼎鼎大名的人。他們為何選擇定居木柵埤腹路，如今已不可考，只知當年有許多政府機構，或公家單位的宿舍都在這一帶，諸如考試院、美軍顧問團宿舍、經濟部、軍醫署，以及往下走的溝子口有臺灣電力公司。

一九五二年，我們家（埤腹路七十一之

▲父母攝於木柵埤腹路71-5號家前。

五號）一排有五戶人家，和胡適等人創辦《自由中國》、並被蔣介石聘為國策顧問的雷震是隔壁鄰居，中間有一條小巷緊接著是劉膺古將軍、陳守鋒將軍與李正先將軍（演員李芝安的父親）。劉膺古將軍抗日戰爭時是八十七軍軍長，一九四二年代理十九集團軍總司令，抗戰勝利，出任後方勤務總司令部補給區司令；陳守鋒將軍是一九四四年重慶軍作戰第七十五軍副軍長；李正先將軍曾是胡宗南將軍部隊的師長。後方緊鄰是一九四九年隨顧祝同將軍離開重慶，到臺灣的中國青年黨祕書長王嵐僧，對街是前中央研究院院長、教育部次長朱家樺等。

最特別的是埤腹路口的小坡上，有一棟講究的二層樓洋房，前有水塘，停有一艘小艇，每逢聖誕節，洋房外牆則裝飾了五彩聖誕燈，十分搶眼，特別是在一九五〇年代，極為罕見，母親說屋子的主人是戴安國（註2）。戴安國的身分自然不比等閒，他是蔣介石總統的義子，和蔣緯國將軍情同手足。只是洋房主人居住的時間不長便搬走了，原址一度改建為天主堂，如今已是一般民間住宅。

雷震在一九六〇年被判刑入獄，我們家也在一九六四年搬到後街一四三號的新家，我則到臺南成功大學讀書，畢業後出國，一九七二年回臺進入《中央日報》工作，埤腹路的鄰居們業已人事全非，變化極大，自然也不復當年臥虎藏龍的氣勢了。

（註1）木柵和景美區原本隸屬於臺北縣（今之新北市）深坑鄉，後來行政區調整，分為深坑鄉、木柵鄉、景美鎮，仍隸屬臺北縣，一九六八年（民國五十七年），木柵鄉與景美鎮劃歸臺北市管轄，一九九〇年，木柵區與景美區合併為文山區。

（註2）戴安國是國民黨元老、中華民國國旗歌作詞者戴季陶的長子，曾任交通部民航局首任局長、中央電影公司董事長。

02 雷震是我家隔壁的鄰居

我們家的地址是木柵鄉埤腹路七十一之五號，隔著竹籬笆，就是雷震與宋英夫婦家。房子起造之初，雷震為了方便訪客出入，希望與父親互換建地，父親答應了，所以，後來我們進出反而必須經過雷震家的大門。

雷震與父親都喜歡在近二百坪的大院子內蒔花拈草，小時候每當在院子裡打球戲耍時，透過竹籬笆的空隙，常會看到隔壁雷伯伯穿著白色汗衫與四角短褲在整理花園，也常聽到雷伯伯拉大嗓門的浙江腔，提醒大家：「下毛毛雨囉！」直到今日，這句話依舊是我們家每個兄弟都能模仿的口頭禪。

小時候，覺得身材高大的雷伯伯挺洋派的，常邀請

▲我家與雷震家隔著右方的竹籬笆圍牆。

美國大使館官員到家中，在院子裡喝下午茶。有時，傍晚放學回家經過他家門口，也可以聽到他的大嗓門，與高玉樹、吳三連、李萬居等人，討論問題說：「臺灣一定要獨立！」回家後，我還問母親「臺灣獨立」是什麼意思。

雷伯母宋英是監察委員，每次見到雷伯母，總是穿一身黑旗袍，梳包頭，皮膚白皙，沉默寡言，舉止優雅。雷家有位大哥哥是雷震前妻所生，不良於行，據說是到外島服役時染上風溼，醫官沒治好，打針後反而留下後遺症，必須拄著拐杖行走。他與管家「小張」住在院子靠近我家角落的一間單獨建造的小屋內，平日幾乎足不出戶，偶爾在院子裡走動。

雷伯伯三不五時會獨自出門，街坊鄰居都知道，他是到新店去探訪一位「親密友人」，這也許是雷伯母總是沉默寡言，不太與鄰居們打招呼，獨來獨往的原因吧。

創辦《自由中國》月刊，組織「中國民主黨」

雷震創辦的《自由中國》月刊，應該是最早期的黨外雜誌，褒貶時局，風行一時。加上雷伯伯與美國大使館官員往來密切，被視為有美國勢力在幕後相挺，公開挑戰政府的威信，應該也是犯忌的重要禍根。一九五四年雷震被國民黨開除黨籍，一九六〇年，他與李萬居、高玉樹、吳三連等人組織「中國民主黨」，在黨禁時代，他甘冒大不韙組黨，當然引起國民黨當局的極端不悅。

一九六〇年九月初的一個星期日早上，穿著白色T恤與四角短褲的雷伯伯，照例在院子裡看花。門鈴響起，雷伯伯前去開門，門口停了一輛車，兩名男子對雷伯伯說：「雷先生，請你跟我們去一趟！」雷伯伯先是拒絕，兩名男子一再堅持：「雷先生，請你一定要跟我們去一趟！」雷伯伯隨後問：「你們有拘票嗎？」兩名男子出示了拘票，雷伯伯只得回屋內換了衣衫後，跟他們上車。

從那天以後，我就沒再見過我家的鄰居雷伯伯了。雷伯伯在一個月後被判有期徒刑十年，雷伯母四處奔走，企圖搭救丈夫。遭此家變，原本皮膚白皙、富態的容顏與身材，快速憔悴消瘦，也變得更沉默寡言了。

03 李萬居的太太來家中哭訴

李萬居是《公論報》的董事長，一九四五年日本投降，十月二十五日在臺北公會堂舉行受降典禮，李萬居與陳儀、葛敬恩、柯遠芬、黃朝琴、游彌堅、宋斐如等七人，是代表中華民國的受降代表。

一九五〇年代，李萬居與雷震等人籌組「中國地方自治研究會」，並擔任發起人。雷震入獄後，李萬居被波及，李萬居的夫人曾來家裡見當時擔任臺北縣議員的家父，並向家父哭訴：他們家遭遇火災，《公論報》被臺北市議會議長張祥傳購買增資股權拿走經營權，李萬居不時受到司法干擾。相信她精神上一定受到相當沉重的打擊，走頭無路，才會到家裡來見父親。

我們小時候並不知道李萬居的輝煌過往，也不知有《公論報》，只知道他是一九六〇年代的籃球國手李南輝的父親。聽說李南輝的母親來家裡，我與一群兄弟們探頭探腦，爭看李南輝的母親長什麼模樣。

印象中，李萬居的夫人是大陸北方人，長得非常體面。在那個年代，家人因牽扯上反對政府，遭到官方鎖定，真的沒有任何人能幫上忙。那天以後，似乎也沒有再見到李萬居太太上門了。

04 蔣介石父子與陳果夫、陳立夫

蔣介石之所以能夠進入孫中山革命大業的核心，是透過黨國大老CC派(註1)大將陳果夫和陳立夫兄弟的叔叔陳其美的介紹。在抗日、剿匪的過程中，蔣介石為了答謝陳家引薦之恩，提拔陳果夫、陳立夫歷任黨政要職。政壇流傳的一句名言：「蔣家天下，陳家黨。」在以黨領政的時代，陳氏兄弟在國民黨內的人脈聲勢之盛，超越陳誠，直追蔣介石。

二〇一五年一次餐會上，我遇到高中時的偶像——籃球國手陳祖烈，他的本名叫陳珩夫，是陳果夫、陳立夫的么弟。如今已有相當年紀的他，身材也不復當年馳騁在籃球場上的英姿。飯桌上的話題，當然不是籃球，也不是他的貌美絕倫的前妻——沈斐文(註2)，而是政治，也就是他的兄長們與蔣介石、蔣經國父子的關係。

一九五一年，因為冒犯了蔣介石與陳誠，舉家遷往美國東岸的紐澤西州(New Jersey)，蔣介石每季給予五千美金（當時美金與臺幣的匯率是一比四十五，約合臺幣二十二萬五千元）的生活費。陳果夫在同年病逝時，蔣介石不希望陳立夫返臺，曾派人送信給陳立夫，表示：陳果夫的喪事已處理好了，所以不必返臺。

一九六一年，陳立夫返臺為父奔喪，政壇的門生部舊前往接機，松山機場人潮爆滿。陳立夫為了避開不必要的困擾，處理完父親的喪事後，立即返美。

從一九五一年至一九六六年，陳立夫在美國前後待了十五年。陳祖烈說，那段日子過得十分清苦，每季五千美金的生活費根本不足以養活全家，偶爾還得接濟舊日部屬，後來只得在紐澤西州的住處靠養雞、賣自家調製的辣椒醬貼補家用，陳祖烈則負責騎腳踏車幫忙送貨到附近的超市去賣。

陳祖烈說，蔣經國在蘇聯時，曾發表公開信批評自己的父親蔣介石，父子關係一度十分惡劣。一九三七年，蔣經國由陳果夫從蘇聯接回中國，並住在陳果夫家，陳果夫再安排由黨組織幫他恢復國民黨籍，才解決了蔣介石父子之間的心結。但陳立夫旅居美國期間，曾求見蔣氏父子三次，不知是何原因，都被拒絕，沒有下文。

其實，類似陳家與蔣介石父子在政治路上的恩怨，不勝枚舉，只是陳祖烈對政治的認識，不如兩位兄長罷了。

（註1）ＣＣ派是指中央俱樂部組織（Central Club，簡稱ＣＣ），是中國國民黨主要派系，也有人認為ＣＣ派的領導者是陳立夫與陳果夫，兄弟都姓陳(Chen)，所以簡稱ＣＣ。

（註2）沈斐文曾當選一九六〇年第一屆中國小姐選美活動第四名。

05

國父之子孫科考試院長就職茶會

一九六五年，國父孫中山之子孫科由美返臺，一九六六年九月一日，就任第四任考試院長，考試院特別為他舉辦茶會，由倪文亞等人陪同，接受各界賓客道賀。

余生也晚，趕不上時代，無緣見到國父孫中山的尊容，能有機會一睹他的兒子孫科的廬山真面目，至少也有一絲成就感。於是當時唸大學的我，興匆匆跟隨父親前往考試院，參加孫科就職考試院長的茶會。

從當天現場拍下的這張照片看來，在場的賀客中出現我這樣的小女生，的確令幾位大人感到意

▲1966年孫科任考試院長，考試院舉辦之就職茶會。

外，氣氛頓時活潑許多。父親陪我走到孫科面前，用廣東話向孫科說：「這是我的女兒。」也許突然聽到鄉音，備感親切，孫科頓時笑顏逐開，主動伸手與我握手，一旁的陪同官員也紛紛伸手相握，感覺他們的手掌相當厚實。俗話說：「男人手大攬江山，腳大踩天下。」印證在他們幾位身上，果然不假。

孫科的個子不高，從北京香山碧雲寺停放當年安置過孫文遺體的銅棺長度看來，孫科的身材應該像他的父親，只是年歲較長，身材較為發福。

話說孫中山先生，大概是唯一能受到兩岸共同尊敬，而且沒有爭議的當代政治人物。國民黨尊他為國父，以示一脈相承，黨史會展出的歷史文物中，包括了一顆孫中山先生拔下的齟齒，標示說明：「國民黨的佛牙。」前方置有一面放大鏡，以便參訪的賓客能清晰地觀賞。此外，在臺灣無論中央或地方的政府機構禮堂，都懸掛中山先生的遺像與遺囑，儀典進行時，向遺像鞠躬、朗讀遺囑，是國民黨執政時的必要程序。

共產黨則尊稱孫中山先生為「革命的先行者」，二〇一六年十一月十二日，還在北京舉辦盛大的「紀念孫中山先生誕辰一百五十週年大會」，中共總書記習近平親自主持大典，儼然是孫中山的接班人。當天由於有三十七名中華民國退役將領參與活動，在臺北政壇引起軒然大波。

仕途順遂，歷任過行政、立法、考試三院院長

孫科是孫中山的原配夫人盧慕貞所生，也許因為他是孫文之子，在美國加州大學畢業，獲得哥倫比亞大學新聞碩士。一九一七年九月一日，孫中山在非常國會選舉中當選為中華民國大元帥，隨後孫科便以二十六歲的年紀，進入大元帥府擔任祕書，此後仕途一帆風順，在國民政府中歷任各項要職，出任過建設部長、財政部長、鐵道部長、考試院副院長、行政院長、立法院長，若加上來臺後的第四、五任考試院長在內，他是中華民國歷史上唯一擔任過行政院、立法院與考試院三院院長的政治人物。

此外，蔣介石也許為了答謝孫中山於一九二四年二月六日，任命他為黃埔軍校校長，日後他能領導北伐與抗戰，正是拜黃埔軍校校長這個職位，賦予雄厚的政治條件與軍事實力。蔣介石並於一九四七年四月十七日的國民黨中常會中，任命孫科為國民黨副主席，孫科也曾代表國民政府到蘇聯簽訂《中蘇互不侵犯條約》。

比照諸多在一九四九年後被解除職務，或被冷落的當代政壇重量級黨政大老，孫科幾乎是少有的例外。孫科之所以能仕途順遂，甚至到了七十五歲高齡，還受到蔣介

石之邀，特地由美回臺出任考試院長，若非國民黨為了爭正統，尊孫中山為國父以示一脈相承，孫科即便是天縱英明、才識過人，相信也絕無可能獲得蔣介石如此的禮遇與厚愛。

06 名將的下場：孫立人與杜聿民

在臺灣，每逢談到抗日戰爭或國共內戰的戰役與軍事將領，總會提到孫立人英勇善戰的輝煌事蹟；但幾乎沒人記得出身黃埔一期，抗日與勦共時期與孫立人齊名，而且身為孫立人的長官，卻與孫立人相處極為不睦的當代名將——杜聿民將軍。

孫立人遭軟禁三十五年

孫立人與杜聿民兩位曾經在戰場上叱吒風雲的名將，後半生雖然遭遇有別，但都是悲劇收場。常勝將軍孫立人在臺灣因意圖謀反的罪名，被蔣介石軟禁了大半輩子，一九九〇年獲釋時，已是白髮蒼蒼的老人；杜聿民則是一九四九年一月九日在徐蚌會戰中全軍覆滅，被俘投共，國民黨將他定位為叛國，一九八一年，病逝北京。

杜聿民的母親、妻子、兒女，除了已於一九四七年赴美留學、並在一九四九年嫁給楊振寧的長女杜致禮外（註），全家人均隨著國民黨政府播遷來臺，在當時木柵景美鎮落戶，直到一九五八年赴美。

一九四二年日軍進攻緬甸，中國派出遠征軍赴緬甸作戰，當時的第一路軍副司令官就是蔣介石的愛將杜聿民。在那同時，父親是軍政部第八十四兵站醫院院長，所以與杜聿民夫婦是舊識。得知杜聿民的妻子住在我家附近，搭乘公路局的車子只有一站距離，步行約二十分鐘，所以小時候曾隨母親到景美探視杜聿民的妻子。依稀記得她家有竹籬笆的圍牆，進口處還有竹籬編成的拱門，院子很大，庭院中也養了雞隻。在來臺之初，算是講究且有規模的人家。

蔣介石對杜聿民家屬不聞不問

政府本以為杜聿民在徐蚌會戰中陣亡，後來得知他被俘投共，蔣介石對杜聿民家屬的態度逆轉，幾乎不聞不問。一九五三年，他的長子杜致仁前往哈佛大學就讀，一九五六年向蔣介石上報告，希望再向臺灣銀行借貸三千美元，完成最後一年學業。蔣介石只同意准予增加借貸一千美元，分兩期支付，杜致仁收到五百美元支票後，十分失望，無助之餘，便在姐姐杜致禮家中服安眠藥自殺。

一九五七年，杜聿民的女婿楊振寧與李政道同時獲得諾貝爾獎，蔣介石才再度關心杜聿民的家屬，恰遇杜聿民的母親過世，黨政大員亦紛紛前往弔唁。一九五八年，蔣介石要杜聿民的妻子到美國遊說楊振寧回臺灣，楊振寧當時並未立即回臺，而是於事後與李政道聯袂回臺，轟動一時，物理系也成為當時年輕學子嚮往的熱門科系。

一九五九年十二月四日，杜聿民獲得中共特赦，杜聿民的妻子從美國轉往大陸與杜聿民會合，從此與國民黨分道揚鑣。

（註）杜致禮於二〇〇三年過世，楊振寧於二〇〇四年底與當時二十八歲的翁帆結婚。

07 蔣介石視何應欽如眼中釘

蔣介石貴為黃埔軍校校長，中華民國統帥旗與黃埔軍校校旗，則是何應欽所設計。在黃埔系中，蔣介石與何應欽有並稱的地位，但是蔣介石並不認同這個論點。蔣介石曾說：「沒有蔣中正就沒有何應欽！」先不論是否如某些媒體記載，何應欽是蔣介石的寵臣，至少在八年抗戰中，二人在戰場上合作無間，當時蔣介石是國民政府主席兼最高統帥，何應欽則是軍事委員會參謀總長兼中國陸軍總司令。

▲國民政府主席兼最高統帥蔣介石。

蔣介石評論何應欽時，措詞尖苛，毫不留情。他評論何應欽：「此人推過爭功之技術，可謂投機取巧，盡其能事，宣傳方法完全學習共匪所為。培養二十餘年，仍不能成材自立，始終為人利用而毫不自

▲1945年9月9日，何應欽代表中國政府，在南京中央陸軍軍官學校大禮堂，接受在華二百萬日軍正式投降。

覺，無骨氣、無人格，誠枉費我一生之心血，此亦為余平生最大之失敗之一也！」可見蔣介石對何應欽，已不只是有心結，而是恨之入骨，只是無法公開撕破臉而已。退守臺灣後，兩人勉強維持相安無事的局面。

蔣介石之所以會視何應欽如眼中釘，肇因於何應欽在西安事變中，極力主張以強大武力轟炸叛軍，以及他擔任日本投降簽字儀式的中國代表留名青史兩件事，徹底得罪了蔣介石。

西安事變與代表中國接受日本投降，觸怒蔣介石

首先是一九三六年十二月十二日的西安事變，蔣介石遭張學良、楊虎城劫持，要求停止剿共，一致抗日。何應欽力主以武力進攻西安，被懷疑「意圖在討伐中置蔣於死地，自己取而

代之」，招致宋美齡強烈反對。宋美齡並在美國顧問端納(William H. Donald)陪同下，親自飛往西安營救蔣介石，與張學良、楊虎城，以及中共代表周恩來談判。十二月二十五日，事件落幕，蔣介石獲釋，搭機飛返南京。

旅居紐約的黎東方教授，在談到西安事變這一段歷史時，曾親口告訴我：「自從十二月二十五日事件落幕，蔣介石獲釋後，宋美齡為了感謝周恩來相救之恩，每逢十二月二十五日這一天，都會邀請周恩來到寓所，共同歡度耶誕節，直到共產黨與國民黨決裂，全面宣戰，才恍然大悟，原來周恩來根本不是朋友，更不是救命恩人，但為時已晚。」

其次是抗戰勝利，日本無條件投降，一九四五年九月二日，盟軍太平洋地區最高司令官、陸軍上將麥克阿瑟將軍，登上進駐東京灣的密蘇里號戰艦，與中、美、英、蘇四國的九位同盟國代表，參加日本投降的簽字儀式，代表中國出席的是中國軍令部長徐永昌將軍。

一週後，一九四五年九月九日，何應欽代表國民政府，在南京中央陸軍軍官學校大禮堂，接受在華二百萬日軍正式投降，並分別與日本駐華最高指揮官岡村寧次大將在降書上簽字。儀式中，日本駐華最高指揮官岡村寧次大將，象徵性地向中國陸軍總司令何應欽交出身上配戴的武士刀。岡村寧次的佩刀材質是手工鍛造鋼，刀身、刀柄上共刻有五頭獅子。

這歷史上最重要的一刻，蔣介石沒有任何角色。

來臺後被解除兵權

來到臺灣後，何應欽被解除兵權，也未再出任公職，只應聘為總統府戰略顧問委員會主席，平日深居簡出，偶爾與舊識看戲、聽歌、吃美食，儼然安樂公。

何應欽是貴州人，與總統府二局局長龔愚、國民黨革命實踐研究院的中興山莊主任任覺五，和我母親都是貴州同鄉，任覺五、龔慧（龔愚的妹妹）夫婦又是我的義父母。何應欽愛吃母親做的家鄉味菜餚，晚年偶爾會到家裡作客。

記得有一回，何應欽等人到臺北市中山北路徐亭的臺北富都大飯店聽歌與看服裝秀，幾家的小朋友跟著大人們去湊熱鬧，當天走秀的第一代模特兒中，有一位高䠷秀

▲任覺五夫婦（前排右一、三）與作者母親（右二）出席活動。

麗的石姓模特兒，是《中央日報》海外版主編石敏的妹妹，何應欽等大人們想請她節目結束後來坐坐。不料當我們銜命去後臺請人時，石姓模特兒的男朋友已等在門口接人。我們任務未達成，無功而返，大夥只得繼續聽歌、看表演、吃點心。

一九七〇年代中期，臺灣電視公司製作一檔《面對歷史》的訪談節目，邀請何應欽上節目談抗日戰爭，卻被婉拒，理由是：「天下本來應該是我的，沒什麼好談！」

一九八七年十月二十一日，何應欽病逝臺北榮總，蔣經國立即頒發褒揚令。家屬以何應欽功在黨國，向臺北榮總提出要求，出殯當天不循慣例走側門，而改走榮總正門，也獲得蔣經國同意。豈料出殯當天靈車行駛至正門口，卻因車體裝飾太高無法通過，只得認命將靈車調頭，由側門出去。

08 《八年抗戰之經過》一書的命運

一九四五年，抗日戰爭結束後，軍事委員會參謀總長兼中國陸軍總司令何應欽將軍，著手編述《八年抗戰之經過》一書，出版後覺得「倉促成編」，「尤其對於海空軍英勇作戰之事蹟，記載較疏」。一九五五年，何應欽在〈再版序言〉中提到：「重加整輯，增編海空軍作戰經過概要，以及防空、中美合作諸篇。」並加入「中共在抗戰期中襲擊友軍，陰謀坐大，較之原書稍為完整，荷蒙總統蔣公核定，交國防部刊印，分發各部隊機關學校，保存閱讀。」

父親當時是臺北縣議員，亦是被分發對象之一，這本書在家中書櫃已保存一甲子。二〇一五年，由於中共擴大舉辦「抗戰七十週年紀念」，特地取出這本一九五五年再版的《八年抗戰之經過》，仔細覽閱，不得不佩服何應欽的用心。

遺憾的是一本厚達四百多頁，甚至包括每一場重要會戰的經過圖要，記錄詳實的戰爭史，書中除了蔣中正與何應欽的戎裝照外，只登載一九四五年九月九日何應欽代表國民政府，在南京中央陸軍軍官學校大禮堂接受日軍正式投降，簽署降書的三張照片：一張是大禮堂場景，另二張是我方代表與日方代表的正面照，如此而已。至於那把收藏在中華民國國軍歷史文物館，屬於日本駐華最高指揮官岡村寧次大將佩帶的武士刀，卻無緣在書中見到圖片。

國民黨在兩蔣執政下，雖然每年依舊慶祝臺灣光復節，但是臺灣政壇與民間對抗日戰爭的史實，已少有人深入碰觸。

近年來，在臺灣談「抗日」，是非常敏感的話題，若非北京在二〇一五年九月三日高調舉辦「慶祝中國人民抗日戰爭暨世界反法西斯戰爭勝利七十週年紀念大會」，國民黨與親民黨部分人士獲邀參加，遭到民進黨人士的大肆抨擊，絕不可能引起社會的注意，與媒體的追逐報導。

二〇一五年再版發行

抗戰結束迄今，七十年過去了，對部分與日本有深厚感情或特殊情結的人士，不願再將八年抗戰所經歷過的殘酷史實搬上檯面，但是歷史的真相不容抹滅。至少何應欽編著的《八年抗戰之經過》一書，有它存在的價值與歷史定位，雖然在一九五五年

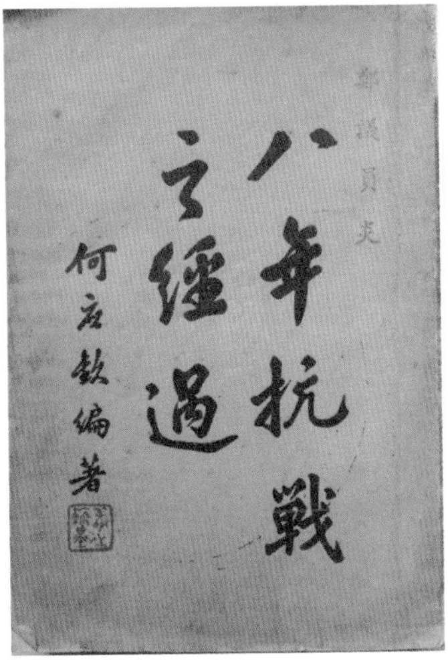

▲何應欽編著之《八年抗戰之經過》一書。

後臺灣沒有再版，也不再受到重視，至少在二〇一五年九月三日北京舉辦「慶祝中國人民抗日戰爭暨世界反法西斯戰爭勝利七十週年紀念大會」前，香港中和出版社於六月二十二日將此書再版發行，畢竟在華人社會裡，還是有不忍見到青史盡成灰的有識之士。

09 郭雨新出書，國民黨要員同賀

一九五一年至一九七一年，擔任省議員二十年的郭雨新，是當時省議會的「五龍一鳳」之一，五龍有李萬居、郭國基、吳三連、李源棧、（湯慶松），一鳳是許世賢。

郭雨新原本是中國青年黨員，在蔣介石執政的一九六〇年代，與雷震等人組反對黨「中國民主黨」，如果要談黨外運動，郭雨新是元老之一，稱得上是黨外運動的祖師爺也不為過，陳菊曾是他的私人祕書。

一九六九年八月，郭雨新出版了一本厚達一千多頁，包括無數張具有歷史價值照片的《議壇縱橫集：議壇二十年續編》，相信該書在編排的過程中，有陳菊的貢獻。值得一提的是，書的封面「議壇縱橫

▲郭雨新書的封面書名，為當時省主席謝東閔題的字。

集」，是當時的省主席謝東閔替他題字；內頁為他題賀詞的國民黨要員包括嚴家淦、周至柔、陳大慶等幾位前任省主席，以及當時的省議長黃朝琴。

黃朝琴在他的賀詞中，稱當時在省議員中有「小鋼砲」之稱的郭雨新是「現代民主之楷模」。除此之外，包括了徐慶鐘、高玉樹、陶百川、李璜、連震東、葉時修等當代政要，也都在道賀之列，足見郭雨新當時在省議會，甚至臺灣政壇的分量。

諷刺的是曾幾何時，雷震入獄，郭雨新也受到波及，他於一九七三年選監委、一九七五年選立委，兩度參選皆以失敗作收。

一九七七年，郭雨新因遭到情治單位全天候跟蹤，只得遠走美國。一九七九年發生美麗島事件時，他曾在美國成立「臺灣民主運動海外聯盟」，一九八五年，病逝美國。

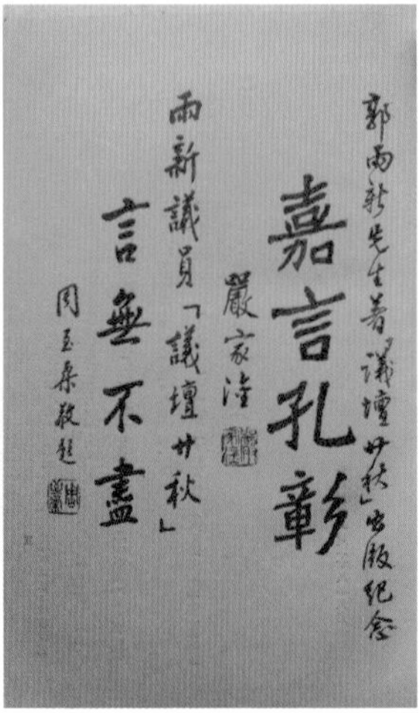

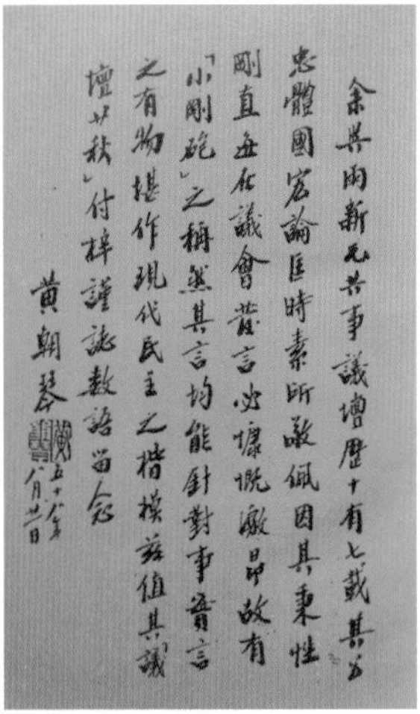

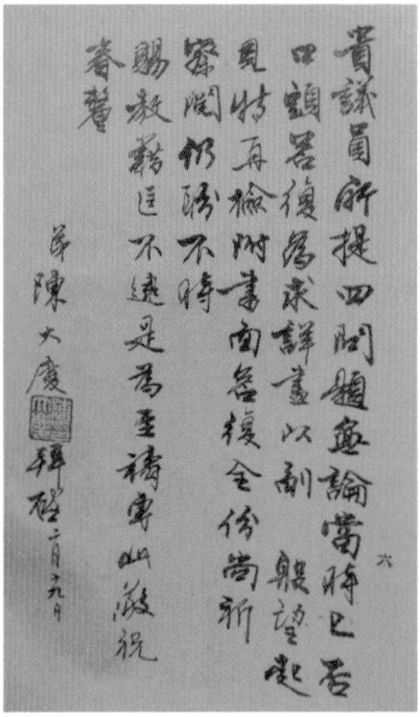

▲郭雨新出書，內頁為他題賀詞的國民黨要員嚴家淦、周至柔、黃朝琴、陳大慶等。

10 被遺忘的中華民國總統嚴家淦

在臺灣，社會大眾談到促成國家現代化的十大建設，會聯想到蔣經國、孫運璿、李國鼎、趙耀東；當人們提及臺灣傲人的「經濟奇蹟」時，蔣經國、陶聲洋、尹仲容等人會浮上檯面。今天，年輕一代的臺灣人，對嚴家淦這個名字也許非常陌生，並不為怪，只是上一代臺灣人在談論歷任總統時，似乎忘了中華民國曾經有過一位總統，他的名字叫嚴家淦。

但是俗話說得好：「凡走過必留下痕跡。」嚴家淦在臺灣的經濟發展過程中，的確留下不易被抹煞的痕跡。

一九六六年五月二十日，嚴家淦宣誓就任中華民國第四任副總統，同年七月十日出刊的《亞洲雜誌》（*The Asia Magazine*），於封面登載嚴家淦的照

New Vice-President C. K. Yen is a brilliant economist-financier responsible for the Republic's fast growth in recent years.
The Asia Magazine July 10, 1966

▲《亞洲雜誌》介紹中華民國副總統嚴家淦。

片，形容他是「一位傑出的經濟學家與金融家，是中華民國近年來經濟快速成長的推手」，就是最好的見證與寫照。毋庸置疑，臺灣的經濟有今天的成就與規模，嚴家淦扮演了重要的角色。

一九四五年，嚴家淦被派到臺灣省行政長官公署，先後擔任交通處長與財政處長。此後的二十年間，他歷任政府各項財經要職，包括：臺銀董事長、土銀董事長、中油董事長、財政廳長、經濟部長、財政部長、臺灣省主席、退輔會主委，並負責美援運用，一九六四年，升任行政院長，一九六六年，當選副總統。

一九七五年四月五日，蔣介石總統在任內病逝，嚴家淦在四月六日宣誓接任第五任中華民國總統剩餘的任期，直到一九七八年五月二十日卸任。

▲蔣介石、嚴家淦、蔣經國的接班順序。

嚴家淦對臺灣最為人稱道的貢獻，首推實行新臺幣制，因而有「新臺幣之父」的美譽。一九四六年，嚴家淦負責接收臺灣銀行，他發現「日據時代，臺灣銀行的對外貿易是由東京操控，臺灣的經濟是日本的附庸，對外貿易要透過日本來經營。光復以後，臺灣經濟從日本整體中分解出來，……最初幾年轉成為大陸經濟的一環，大陸淪陷，臺灣省為了自身的需求，非走獨立的路線不可，為適應當時的環境，臺灣就從貨幣著手。一個經濟單位，要有獨立的貨幣，建立新臺幣，進出口貿易才漸漸開展，經濟建設才漸漸發達，確立了一個獨立的經濟單位。」（摘錄自國立歷史博物館出版之《靜波人生：故總統嚴家淦歷史圖集》）

他在一九四九年六月十五日確定實行新臺幣制，一九五〇年六月十五日正式發行。

嚴家淦雖然在一九七五年四月六日繼任總統，但是並未兼任黨主席，一九七六年十一月十二日，國民黨召開第十一屆全國代表大會，國民黨「總裁」的頭銜保留給蔣介石，一如國民黨「總理」的頭銜保留給孫文，未來國民黨的領導人一律以「主席」稱呼。推舉蔣經國出任黨領導人，正式稱謂為「蔣經國主席」，嚴家淦則被蔣經國主席於一九七九年十二月十四日國民黨第十一全第四次全會中，指定為國民黨首席中常委。

嚴家淦在三年的總統任內，忠實履行總統的職責，不過一向謙沖為懷的他，每逢遇到重大問題或關鍵時刻，從不自行做決定，總會對來向他請示的官員說：「這個問題可以去請教經國先生。」由於事事都推給蔣經國，因而當時採訪政治新聞的記者們替他取了一個很雅的外號：嚴推事。

嚴推事最具體的代表作，是他的總統任期將於一九七八年五月二十日屆滿，他於一九七七年十二月十四日，致函國民黨中常會張寶樹祕書長，提名蔣經國為下屆總統候選人，並於一九七八年一月七日國民黨臨時中常會上，推舉蔣經國為第六任總統候選人。

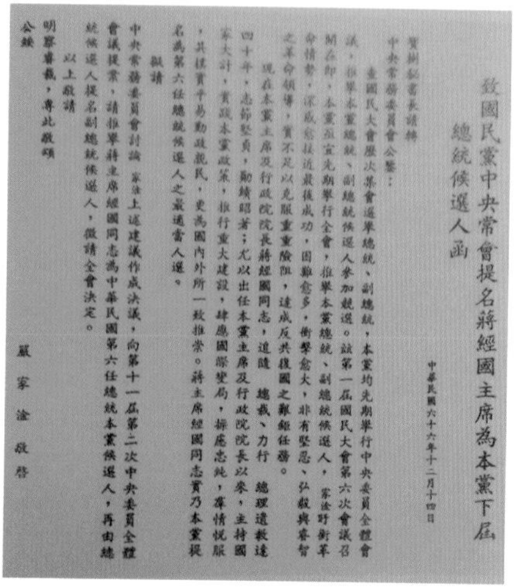
致國民黨中央常會提名蔣經國主席為本黨下屆總統候選人函

中華民國六十六年十二月十四日

寶樹秘書長請轉
中央常務委員會公鑒：

查國民大會歷次集會選舉總統、副總統，本黨均先期舉行中央委員全體會議，推舉本黨總統、副總統候選人參加競選。該第一屆國民大會第六次會議召開在即，本黨亟宜先期舉行全會，推舉本黨總統、副總統候選人，家淦酌衡革命情勢，深感愈接近最後成功，困難愈多，衝擊愈大，非有堅忍、弘毅與睿智之革命領導，實不足以克服重重險阻，達成反共復國之艱鉅任務。

現在本黨主席及行政院院長蔣經國同志，追隨 總裁、力行 總理遺教達四十年，志節堅貞，勳績昭著；尤以出任本黨主席及行政院院長以來，主持國家大計，實踐本黨政策，推行重大建設，肆應國際變局，摒慮忠純，羣情悅服，其樸實平易，勤政親民，更為國內外所一致推崇。蔣主席經國同志實乃本黨提名為第六任總統候選人之最適當人選。

擬請

中央常務委員會討論 家淦上述建議作成決議，向第十一屆第二次中央委員全體會議提案，請推舉蔣主席經國同志為中華民國第六任總統本黨候選人，再由總統候選人提名副總統候選人，徵請全會決定。

以上敬請
明察審議，專此敬頌
公綏

嚴家淦敬啓

▲1977年嚴家淦推薦蔣經國為第六任國民黨總統候選人公函。

坊間傳言，嚴家淦於一九七七年十二月十四日致函國民黨中常會薦舉提名蔣經國前，曾與蔣經國談及是否該提名第六任總統候選人問題時，蔣經國低頭不語，政治歷練豐富且睿智過人的嚴家淦，立即瞭然於胸，才會有此被當時政壇譽為「明智」之舉的決定與作為。

11 蔣介石依舊健在，有照片為證

一九七一年初，蔣介石的健康開始明顯走下坡，一九七二年五月二十日，到陽明山中山樓參加第五任中華民國總統就職大典，非常勉強地支撐到結束。七月二十二日心臟病突發，被送往榮總急救，此後幾年，多數時間都往來於士林官邸與榮總第六病房(註)之間。

一九七三年中，蔣介石的健康狀況已日漸惡化，幾乎長時間以榮總第六病房為住所。同年七月二十三日，蔣經國的么兒蔣孝勇與方智怡在士林官邸的凱歌堂舉行婚禮，由蔣家的御用牧師周聯華福證。婚禮結束後，新婚夫妻隨即前往榮總第六病房，向祖父蔣介石、祖母宋美齡行叩見禮。

新娘方智怡甜美可愛，一襲大紅起花長旗袍，與新婚夫婿蔣孝勇，分立於祖父、祖母左右兩側。第二天，照片同時刊登

▲1973年11月11日，蔣介石依舊健在，有照片為證。

在國內《中央》、《聯合》、《中時》三大報，這是蔣經國三子一女的結婚照第一次見諸報端，街頭巷尾一時傳為美談。

蔣家在此時此刻辦喜事，並昭告天下，無疑有為蔣介石沖喜的意思。只是當時資訊並不發達，社會大眾對國家領導人的言行舉止，只能從有限的消息來源略知一二，當時蔣孝勇與方智怡結婚選擇的時間點，是否是為長輩沖喜，只有蔣家人才知道。

一九七三年十一月十一日，國民黨的第十全四中全會主席團，前往榮總晉見蔣介石總裁，蔣介石由夫人宋美齡陪同在第六病房接見，十位主席團的成員包括嚴家淦、蔣經國、谷正綱、黃少谷、倪文亞、謝東閔、林挺生、李治民、錢劍秋、張寶樹等。

當時晉見的時間雖然只有三十分鐘，然而拍下的這張彩色照片，第二天立即送到陽明山中山樓的大會會場，分贈給全體近兩千位出列席同志，採訪的媒體記者也不例外，人手一張。廣為發送這張總統彩色照片，事後回想起來，真正的用意是在昭告「全國軍民同胞」，蔣介石總統身體健康，正常視事，平息外界不必要的傳言與揣測。

（註）榮總第六病房為總統病房，蔣家三代都住過此一病房。

12 蔣介石的師父：青幫大老黃金榮

蔣介石拜帖的師父，青幫大老黃金榮的孫女黃衍，是我讀師大附中木聯分部初一班的同學，同班同學中，還有考試委員、也是香港書院董事長黃麟書的女兒黃麗，另兩位臺電員工的女兒湯文環、鄭雲。

課餘之暇，大夥經常一同結伴出遊。黃衍個性單純而且隨和，初中畢業後，我和黃衍考上市女中，繼續當同學，後來她轉學到北一女，考上臺大商學系，我則到臺南成功大學就讀。但是一直到今日，仍保持一定的來往。

黃衍從小就是麗質天生的女孩，在臺大讀書期間參選過中國小姐，也許個頭不夠高，只獲得第三名，不少人替她叫屈，她個人似乎無所謂。畢業後，聽說在她母親的敦促下，嫁給復興航運的少東，定居舊金山，偶爾回臺，和同學們互相聯絡聚會，很念舊。

小時候，下了課或逢週末假日，常受邀到黃衍家吃飯，印象中他們常常搬家，家裡總是整理得一塵不染，家具極為簡單，幾乎是家徒四壁，也許搬家時比較方便。

黃衍的母親是上海人，純家庭主婦，家中沒有請幫傭，親自照顧丈夫與二子一女的生活，能燒得一手好菜。人過了中年，脂粉不施，身材高䠷，可以只憑一張素顏，就比黃衍更稱得上是一位不折不扣的絕色美女。

然而黃衍的父親，也就是黃金榮的兒子，則是中等身材，體型微胖，沉默寡言，戴著一副黑框眼鏡，生意人模樣。我當時年紀雖小，心中很好奇黃伯伯為什麼可以娶到如此漂亮的太太。黃衍告訴我，她的祖父是黃金榮，言下之意是憑黃金榮的兒子，當然能娶到如花美眷。只是當時讀初中，不僅不識黃金榮是何許大人物，還三不五時拿黃金榮的名字跟她開玩笑，戲稱她的祖父叫「黃金萬」，有黃金萬兩。

股市失利後，備大紅帖拜黃金榮為師

長大後才知道黃金榮可不是等閒之輩，一九二〇年代在上海，他可是呼風喚雨的青幫老爺子，戴笠、杜月笙等人，都是拜在他門下的弟子。

據說，蔣介石一九二〇年由日本返國，一九二二年因買賣股票失利，在同鄉好友虞洽卿的引薦下，以蔣志清之名，備妥一份書有「黃老夫子臺前　受業門生蔣志清」的大紅帖子，拜黃金榮為師，才脫離了財務上的困境。一九二七年，蔣介石已是北伐軍總司令，重回上海時，識時務的黃金榮親自登門拜見蔣總司令，退回了當年拜師的門生帖子。

一九四九年，蔣介石領導的國民黨政府退守臺灣，黃金榮的兒子一家人來到臺灣，而黃金榮本人則在香港終老。

13 宋美齡和她的姐姐們

宋耀如（嘉樹）、倪桂珍夫婦，共育有六名子女，宋家子女的排行依序是藹齡、慶齡、子文、美齡、子良、子安。

宋家三姐妹在民國初年歷史上的影響力，可以從「蔣家天下、陳家黨，宋家姐妹、孔家財」四句順口溜中心領神會。因為大姐藹齡嫁給財閥孔祥熙、二姐慶齡嫁給國父孫中山、么妹美齡嫁給蔣介石；無論這三姐妹是有幫夫的命，亦或是妻以夫貴，她們的夫婿當年在中國政壇上，確實都是舉足輕重的人物。坊間因此傳言，老大藹齡愛錢、老二慶齡愛國、老三美齡愛權。這種倒果為因的說法，就姑妄聽之了。

據了解，儘管二姐宋慶齡自從在美國讀書時，就對好強刁鑽的妹妹美齡很有意見，但是抗戰期間，三姐妹為了團結抗日，無論是訪視災區、慰問傷患，經常都是行動一致，同進同出。抗戰勝利後，蔣介石全力剿共，宋慶齡認為蔣介石已違背孫中山聯俄容共的路線，因而與蔣介石、宋美齡分道揚鑣，最後蔣介石敗走臺灣，新仇加舊恨，從此宋慶齡與宋美齡兩姐妹，老死不相往來。

二〇〇七年，我隨婦聯會主任委員辜嚴倬雲到北京訪問中國婦聯會，曾有機會拜訪宋慶齡基金會，基金會董事長胡啟立向大家介紹宋慶齡遺留下的書信文物時，很遺憾地表示：「宋慶齡在一九八一年五月二十九日病逝北京前，曾透過專人，將一些有紀念價值的文件，託人帶到臺北轉交宋美齡，卻從未獲得回音；宋慶齡在北京的喪禮，宋美齡不但未曾前往弔唁，也沒有隻字片語致哀。」

宋美齡對二姐宋慶齡的過世，只有在她的〈宋美齡大事年表〉中，註上簡短的一行字：「五月二十九日，二姐病逝北京。」

宋美齡與宋慶齡之間，因政治立場不同，長年競逐對抗，終至江山易幟，不僅尊嚴受傷，所累積的仇怨，幾乎到誓不兩立的地步，姐妹情誼盡失，終其一生都無法釋懷。但是宋美齡對大姐宋藹齡一家人，以及幾位兄弟的親情，始終如一，而且也從不避諱與他們保持相當程度的往來。特別是在一九六〇年至一九七〇年代之間，他們都曾是士林官邸的客人。

一九六〇年至一九七〇年代的臺灣，媒體資訊不發達，更沒有狗仔的跟蹤，生活在高牆內的皇親國戚們，自然可以行蹤隱密，來去自如。宋美齡的么弟宋子安早在一九六一年八月，就來臺灣探視過姐姐；孔祥熙於一九六二年十月二十三日曾來臺小住，一九六六年二月才返美，一九六六年八月十七日在紐約病逝時，宋美齡還由蔣緯國陪同前往美國奔喪。宋藹齡則停留到一九七三年初返美，同年十月十九日病逝美國。

與宋藹齡三名子女往來最親密

孔祥熙與宋藹齡的四名子女中，有三名和宋美齡的關係極為親密，宋子文過世後，孔家大兒子孔令侃，就是宋美齡處理外交事務的左右手。蔣介石過世後，宋美齡曾希望由孔令侃接任行政院長，遭到蔣經國否決。

孔二小姐令偉則一直跟在宋美齡身邊，等於是貼身祕書與總管，宋美齡對她的寵信程度，甚至有如親生骨肉，讓外界傳言，孔二小姐是宋美齡的私生女。孔二小姐曾負責監建圓山大飯店，同時也兼任圓山大飯店的總經理，士林官邸許多大小事，「總經理」說了算數。

至於孔大小姐令儀與夫婿黃武雄，則是長年在紐約陪在宋美齡身邊，也就是幾乎出現在宋美齡旅居美國的每一張照片中那位端莊富態的貴婦人，她的容貌外型與妹妹孔令偉，確實大異其趣。

14 蔣介石晚年的內心世界

▲蔣介石在涵碧樓拍的照片，英姿依舊，卻透出一股英雄晚年的滄涼感。

蔣介石在臺灣，號稱有三十一處行館，有的是接收日治時期留下的官舍，有的是他相中的風水寶地起造，也有的是地方仕紳望族捐地興建。

蔣介石晚年，常獨自在行館閱讀或撰寫。他的行館其實設備簡樸，一套書桌椅，一張單人床，起居作息，生活規律，飲食清淡，不煙不酒，類似清教徒。

上面這張御用攝影師胡崇賢在涵碧樓替他拍攝的照片，英姿依舊，效果絕佳，但是卻有一絲英雄晚年的寂寞與滄涼感。對一位一生戎

▲宋子文也要為國民黨丟失大陸江山負一部分責任。

馬，領導北伐、抗日、剿共期間，縱橫大江南北，叱吒風雲的一代強人，如今困守在臺灣，反攻大陸、收復山河的豪情壯志，早已煙消雲散，內心的感受，應該是極為無奈的。

他的沉默孤獨，想必是在思考一九四八年派蔣經國到上海打老虎，整頓金融，豈知「老虎」就在蔣家外戚中，七十多天後，蔣經國被迫收手，打老虎失敗，隔年，國民黨兵敗如山倒，大陸淪陷，肥了權貴，卻丟了江山。國共內戰期間，國軍的一切布署與戰略，總被敵人事先洞悉，以至戰事節節失利，原來共諜就在身邊；國共和談，談判代表早已投共，自己卻被蒙在鼓裡。打打談談間，江山易幟，風雲變色。

一九六〇年代至一九七〇年代，曾經背負丟失大陸江山部分責任的孔祥熙、宋藹齡夫婦，以及宋美齡

▲蔣介石主持陸軍官校校慶。

▲黄埔軍校校長時期的蔣介石。

的兄弟宋子文、宋子安等人來臺探親，蔣介石陪同宋美齡接待他們時，內心的感受又是什麼？令人好奇。

退守臺、澎、金、馬後，反攻大陸無望，必須終老異鄉，卻無力回天。蔣介石一生倔強好勝，心中必定充滿遺憾、自責與懊惱，卻無法向任何人啟口訴說。

15 宋美齡如何塑造第一夫人的風采

宋家三姐妹論才華，應當不相上下，若論容貌，則宋慶齡遠在兩位姐妹之上。宋美齡不僅不及宋慶齡出色，在政權爭奪戰中，又敗給宋慶齡支持的共產黨，被迫退居海峽一隅的臺灣，從小好勝的宋美齡，內心是否接受這個事實，應該可以從她對待宋藹齡一家人，以及宋慶齡的態度看出一些端倪。

宋美齡到臺灣後，雖然地居海角一隅，但是做為中華民國第一夫人，她的家世、財富、學識、見聞、氣質、風度，固然沒有任何女性能望其項背；她在臺灣政壇上的權勢與影響力，也少有幾位當代男性足以與之相抗衡。這一切，比起在對岸貴為中國共產黨副主席的宋慶齡，做為一個位高而無實權的樣板人物，要勝過千百倍。當然，宋美齡也巧妙地運用她的影響力，將第一夫人的角色發揮到極致。

當她和蔣介石一同出現在官方的公開場合，或家居生活時，留下的畫面讓人讚嘆不已；她與第一家庭長幼成員互動的溫馨場景，同樣令人印象深刻。

宋美齡在一九五〇年四月十七日創立「中華婦女反共抗俄聯合會」（簡稱婦聯會）（註），帶領政府公職人員的配偶擔任義工，致力推動臺灣婦女工作。超過一甲子的工作項目包括：慰勞國軍、縫衣工廠、牛奶供應站、救護訓練班、母職教育講習班、烈士遺孤教育、捐建國軍眷舍、婦女外交、國際參與、公益服務、惠幼托兒所、保護養女運動、華興中小學、振興復健醫院、聽損兒療育、海內外賑災、社會福利與關懷、增進婦女福祉、獎助學金、發揚中華文化等。在握有足夠的權力運作下，洋洋灑灑，宋美齡的影響力在當年可見一斑。

帶動半個世紀的旗袍風潮

宋美齡出現在公共場合，無論春夏秋冬，給人的印象似乎一成不變，永遠是穿著一身旗袍。不可否認，宋美齡的旗袍曾經引領風潮，在過去半個世紀，旗袍幾乎成為當時社會的流行服飾，包括官家或民間婦女，出客應酬時，大多是一件旗袍，可以說得上簡約大方，正式又體面。

當然，不同身分與經濟條件的婦女，旗袍的質料、剪裁固然不盡相同，但是，只要稍微用些心思，往往都能令一件旗袍增添不少特色，令旗袍的主人風采照人。

一九八〇年代，改良式旗袍開始流行，然而傳統的旗袍依舊占有一席之地。

一般人只知道蔣夫人愛穿旗袍，外界盛傳她的旗袍師傅，每天不停地替她縫製旗袍。其實，宋美齡對如何穿出旗袍的特色，有她獨特的眼光與搭配方法。首先，不同的場合，她會以不同的方式呈現，譬如旗袍加外套的套裝、旗袍搭配長大衣或帥氣十足的披風。此外，她的旗袍樣式雖然傳統，可是旗袍的活動盤扣設計，卻是別出心裁且與眾不同。宋美齡特別用各類材質諸如翡翠、珊瑚、珍珠，鑲嵌在金屬打造的活動盤扣上，以便在配戴不同首飾時，裝上材質相同的盤扣。這種活動盤扣也受到幾位與蔣夫人較為親近的夫人們模仿使用。

宋美齡的個子不高，平時出現在公開場合，為了搭配旗袍，總是穿三吋以上的高跟鞋，除了看起來身材高䠷外，站在蔣介石身旁，看起來與身材高挺的蔣介石也十分匹配。直到九十幾歲高齡，習慣依舊不改。

蔣友梅有一年到紐約探視曾祖母，建議曾祖母年紀大了，穿高跟鞋容易摔倒受傷，應該換穿低跟或平底鞋防摔倒。蔣夫人聽了蔣友梅的建議，換穿平底鞋後，由於不習慣，反而摔了一跤，因為高跟鞋已經成為她身體的一部分。

宋美齡哭倒在陽明書屋

一九八〇年，臺北基督教女青年會在宜蘭縣頭城的聽濤營地舉辦的讀經會上，我與周聯華牧師共同主持一場聖經講座。當時只知道他是一位極受尊重的年輕牧師。在往後的歲月裡，許多重要場合裡，都看到周聯華牧師在負責主持禱告會或追思禮拜，才知道他還是蔣介石夫婦在士林官邸凱歌堂作禮拜的御用牧師。能夠參加禱告會，與宋美齡一同作禮拜的成員，絕非等閒之輩，除了要信仰基督教外，還必須是當代要員的配偶，且與宋美齡有深厚交情的姐妹們。

二〇一二年，宋美齡女士逝世九週年的追思會，照例是由蔣家的御用牧師周聯華負責禱告，講述蔣夫人的宗教信仰，並為宋美齡與蔣總統的感情作見證。周聯華牧師在見證中，講了一段宋美齡真情流露的故事：

蔣總統過世後不久，有一天晚上，蔣夫人打電話給他，說自己「心情不好，睡不著」，要周牧師陪她到陽明山上的陽明書屋坐坐。蔣夫人到了陽明書屋，四處走走，看到蔣總統生前所使用的遺物，睹物思人，禁不住悲從中來，哭倒在樓梯口。蔣夫人的一生，經歷過國際局勢的驚濤駭浪，見證過當代英雄人物的興衰起落，蔣總統過世，代表一個時代的結束，蔣夫人心中的感觸，絕非一般人能想像與體會。

一九九〇年，我隨婦聯會祕書長辜嚴倬雲女士面見她時，每當談到自己和蔣介石一同走過的歷史精彩片段時，她興致極高，眼神閃爍著光彩，許多歷史大事的細節都能娓娓道來。她以「總統」稱呼蔣介石，在她的心中與記憶裡，蔣介石是永遠且唯一的總統。

宋美齡生前雖然沒有留下回憶錄或傳記，其實她的一生，就是中國近代史的一部分，對於她個人所扮演的角色，當代媒體的報導以及後代史家的論述，多如汗牛充棟，是非功過與成敗，她已豁達到留給後人評論，也無需出版回憶錄或傳記自我辯解。

（註）一九五〇年四月十七日創立的「中華婦女反共抗俄聯合會」，一九六四年更名為「中華婦女反共聯合會」，一九九六年又改為今名「中華民國婦女聯合會」，簡稱婦聯會。

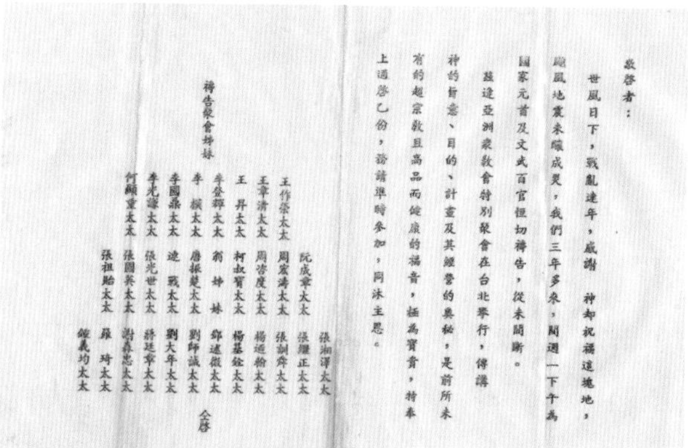
敬啓者：
世風日下，戰亂連年，感謝 神却祝福這塊地，
颱風地震未曾成災，我們三年多來，開週一下午為
國家元首及文武百官懇切禱告，從未間斷。
茲逢亞洲眾教會特別聚會在台北舉行，傳講
神的旨意、目的、計畫及其經營的奧秘，是前所未
有的超宗教且高品而健康的福音，極為寶貴，特奉
上通啓乙份，務請準時參加，同沐主恩。

禱告聚會姊妹
張湘澤太太
阮成章太太 張耀正太太
王作榮太太 周宏濤太太 張訓舜太太
王章清太太 周咨度太太 楊道榆太太
王 昇太太 柯叔寶太太 楊基銓太太
李登輝太太 翁 姊 妹 鄧述微太太
李 模太太 唐振楚太太 劉師誠太太
李國鼎太太 連 戰太太 劉大年太太
李光濤太太 張光世太太 蔣廷黻太太
何顯重太太 張國英太太 謝森中太太
張祖貽太太 羅 琦太太
錢義均太太
仝啓

▲士林官邸凱歌堂禱告會成員名錄。

16 在士林官邸與宋美齡面對面

無論在任何年代，有機會進入士林官邸面見宋美齡，都是一種特權，令人興奮與期待。一九九〇年十二月十八日，我曾隨同被宋美齡選定接任婦聯會祕書長的辜嚴倬雲女士，前往士林官邸，正式晉見了幾乎與中國齊名達半世紀之久的中華民國第一夫人，晤談近兩小時，除了得以一窺士林官邸的堂奧，也有機會更進一步認識她的真面貌。

蔣介石去世後，士林官邸的侍從人員依舊穿著整齊的中山裝，態度言語恭謹有禮。廳堂內，一律以紅木鑲螺貝家具為主體，椅上覆蓋有黃金色緹花緞面坐墊，壁上字畫，几上擺設，價值不凡。走廊廳堂打理得一塵不染，清靜中自有一種威嚴。

當天，蔣夫人出現在客廳時，身著藏藍底白色小花旗袍，兩耳配戴貓眼石耳環，當她坐定後，腿部覆蓋上一塊黑色披肩。

由於辜嚴倬雲女士事先有吩咐我，將個人履歷與我的兩本著作《縱橫天下》、《權力與魅力》送到士林官邸。她看到後生晚輩，語多鼓勵，也寄以厚望。當蔣夫人拿起《縱橫天下》一書時，因為書的封面是我的照片，稱讚我：「妳本人比照片漂亮。」蔣夫人翻閱我的履歷，看到我曾在一九八一年應邀擔任空軍政治教育巡迴講座，很高興地說：「我們都是空軍。」因為宋美齡女士在一九三六年二月二十四日出任航空委員會祕書長；雖然在一九三七年七月辭去祕書長，仍繼續留任航空委員會委員，終其一生都以身為空軍為傲，凡是在正式場合，她在左胸前一定會別著一枚空軍軍徽。

早年我在美國讀書時，留學生圈內傳言：宋美齡的容顏可以保持數十年不衰，全靠不斷拉皮與戴假髮。當蔣夫人在看我的書及履歷時，特別要我站到她身旁，所以我能非常近身觀看她的皮膚及頭髮。她的皮膚極為白晳且無斑，只是有許多細紋，沒有動手術拉皮的痕跡；頭髮梳向後方挽了髮髻，可以清楚看見髮根，顯然也沒有戴假髮。她說自己的睡眠時間很長，平時花很多時間看書，看起來完全沒有煩惱，這也許就是她長壽的祕訣。

宋美齡九十高齡時，聽力明顯退化，辜嚴倬雲曾找醫生替她裝上助聽器，幫助她的聽力。我隨辜嚴倬雲到士林官邸面見時，她已九十三歲，我們全程以英文交談，偶爾她會參插幾句寧波腔很重的國語。

面見過程她談興很濃，不時提到往事，從大陸失守，政府遷臺後的艱辛歲月。馬歇爾將軍、麥克阿瑟將軍與中國的關係，大陳撤退、韓戰等歷史片段。或許是她早已不再參與現實政治，也許是她經歷過太多政治，老練且非常懂得分寸的拿捏，在近兩小時的談話中，絕少涉及當前政局，也不曾臧否當前政治人物。

我發現她在聽英文時聽力完全沒有障礙，也許英文等於是她的母語，而我們一般人所說的國語，與她日常習慣使用的寧波話，確實有極大的差異，聽起來格外吃力，就不足為怪了。

當時間接近午後四時，蔣夫人興致仍高，不過，隱約可聽見孔二小姐（註）在外廳已再三推門，並使門碰撞出聲響，提醒侍從人員與來賓，談話必須告一段落。此時，蔣夫人不得不起身，當她緩步經過茶几，忍不住停駐在茶几前，讚賞茶几上一大盆粉紅色玫瑰花，並親手挑了兩枝分贈給我們，還仔細叮嚀：「回去後，將它插在花瓶內，要常常換水，每天修剪一截花枝根部，再加入一些鹽在瓶中，這樣玫瑰花就可以維持一個禮拜。」

在那一瞬間，眼前這位享盡人間尊榮的第一夫人，似乎平凡得就像隔壁鄰家的老太太。

（註）孔二小姐是宋美齡的大姐宋靄齡與孔祥熙的二女兒孔令偉，也是宋美齡的乾女兒。

17 世襲御用攝影師：胡崇賢叔姪

凡是被公開呈現於報章雜誌或社會大眾眼前，有關蔣介石與宋美齡的官式相片或生活照，不可否認有許多經典之作，例如，她在畫畫，蔣介石站在後面；她和蔣介石下棋對談；蔣介石和宋美齡與孫子一起過聖誕節等，成功地塑造了絕佳的第一家庭形象。

這些作品幾乎都是出自蔣家的專屬攝影師胡崇賢，也就是蔣介石夫婦口中的「胡照相」。

胡崇賢退休後，則由他的姪兒胡浩炳接替，蔣介石過世後，胡浩炳則由孔二小姐安排至婦聯會工作。辜嚴倬雲新上任婦聯會祕書長時，他對辜嚴倬雲說：「總經理（指當時的圓山飯店總經理孔令偉）說我可以繼續在這裡工作。」後來他一直做到退休。

宋美齡在紐約過世的遺容照，以及追思禮拜的攝影工作，亦由胡浩炳負責，只有胡炳浩可以拍攝宋美齡遺容照，拍攝完成之後即轉交家屬保留，自然沒有任何一張流入外人手中。

宋美齡生前愛美，更在乎自己的形象，每張照片必定經過修飾至滿意為止。據胡浩炳說，宋美齡的遺體從家中移往殯儀館時，有群眾在公寓前搶拍，都沒能成功。

如此愛美又在乎形象的宋美齡，未經她的同意，想當然是不可能拍攝到她移靈的畫面。

18 蔣家人與宋美齡如何對待蔣孝嚴兄弟

蔣經國與章亞若的兒子蔣孝嚴在《蔣家門外的孩子》一書中，哀怨地表示：「從門外走進門裡，我走了六十年；雖然，進門時，屋裡已空無一人。」

關於蔣孝嚴的身世、名字、生母死亡之謎，坊間有各類傳聞與說法，我無法置喙。不過，蔣孝嚴曾告訴我，是蔣經國身邊的人為了維護蔣經國的名聲，自作主張下手殺害他的母親，蔣經國並不知情。

這個說法我不能認同，以蔣經國的個性與作風，這名自作主張的人，絕無可能存活至今。

事實可以證明，一九四九年政府遷臺以後，蔣孝嚴除了在成功嶺受訓時，站在操場學生群中遙望蔣介石外，與蔣家人並無任何私下接觸。至於蔣經國由於職位愈來愈高、角色也愈來愈重要，為了當一位勤政愛民的好領導人、好父親、好丈夫，也許有透過私人給予關照外，至死都不曾私下與蔣孝嚴見面。

雖然於二〇〇二年十二月二十四日，在立法院長王金平的主持下，為當時擔任立法委員的蔣孝嚴，在立法院禮堂完成了認祖歸宗的法律程序，在場沒有任何一名蔣家的家屬見證。從蔣孝嚴書中的表白看來，雖然「內心充滿了喜悅」，相信午夜夢迴，還是很難填補那份內心深處自幼缺乏親情的遺憾。

蔣孝嚴也在書中提到在擔任國民黨海外工作會主任、僑務委員會委員長、外交部長以及國民黨祕書長過程中，四度求見「祖母」宋美齡，都無法如願。特別是在國民黨祕書長任內，蔣孝嚴前往紐約透過總領事館，希望能為他安排晉見旅居紐約的蔣夫人，等待三天都沒有下文，最後只得送上一盆蘭花致意。

蔣孝嚴曾為了無法如願，怪罪紐約總領事館人士未能盡力。事實並非如此，辜嚴倬雲到紐約向蔣夫人報告婦聯會的工作時，蔣夫人曾向她提及，未應允接見蔣孝嚴的原因是：「方良未接納他之前，我不會見他。」可見關鍵在蔣方良並未接納蔣孝嚴，而不是紐約總領事館官員辦事不力。

19 陳履安是小留學生的始祖

一九六〇年代，「出國」可是天大地大的事。想出國留學，必須大學畢業，男生必須服完兵役，再通過嚴格的留學考試，湊足龐大的保證金、旅費，以及至少第一年的學雜費、生活費，如果沒有獎助學金，還要有打工賺錢的心理準備。

一年一度的出國留學生包機，松山機場送行的人潮與場面，那種在此一別，不知何年何月才能再見的心情，絕不是今天的年輕人所能想像。

這些問題，對陳誠副總統的兒子陳履安而言，都不是問題。教育部在陳履安高中畢業那年，特別辦了破天荒第一次，也是最後一次，高中畢業生留學考試，受益人當然是陳履安，但是也嘉惠了許多當年趕上那班車的高中畢業生。建中那年有一班五十位同學中，共有四十八人到國外留學，連他們的班導李老師也舉家遷往美國，陳履安其實稱得上是當代小留學生的始祖。

在美國時，因認識李老師的幾位得意弟子，其中之一是交大教授祁甡，所以偶爾有機會到李老師家吃飯（因年代久遠，一時無法憶起他的大名），只記得他很有學問，幫他一對兒女取名：李品、李卉。週末假日，到李老師家吃他包的餃子，曾是我們一群在紐約留學生重要的活動之一。

▲陳履安是第一代小留學生。

20 蔣介石父子為何成立救國團

一九四九年，國民黨中央政府自大陸遷臺，蔣介石、蔣經國父子到臺灣後，檢討大陸江山落入共產黨手中的原因，除了軍事上的問題外，全國各地發生的學潮，在文宣品與話劇表演的助威下，如野火燎原般一發不可收拾。

因此，痛定思痛，國民黨決定先從兩方面著手：一是在北投復興崗成立政治作戰學校，培養政工幹部，在軍中建立政戰制度，維持軍隊的穩定；二是在一九五二年十月三十一日，成立「中國青年反共救國團」，每年寒暑假辦理各類型的團體活動，再從活動中發掘優秀青年加以栽培訓練，以成為未來有用之才。

國民黨政治人才的搖籃

如果說救國團是國民黨政治人才的搖籃，一點也不為過。放眼一九六〇年代末期開始，許多政壇新秀都曾接受過救國團的洗禮，時至今日，政壇上幾位重量級的政治人物，例如李煥、李元簇、邱創煥、許水德、吳敦義、林豐正、趙守博、卓伯源、高銘輝等，與救國團都有淵源。

凡是出身救國團的人士，或經過救國團認證的年輕學子，都被視為根正苗紅的團系人馬，也就是蔣經國在臺灣培養的另類子弟兵。救國團的組織與人脈遍及全省，涵蓋各行各業，因此救國團的標章，對於當時想在政壇出人頭地的年輕人而言，無疑是最大的助力與護身符。

21 宋慶齡在恭王府花園度過晚年

二〇〇七年，我隨中華婦聯總會辜嚴倬雲帶領的北京訪問團，前往北京參訪，由於中華婦聯總會的創辦人是宋美齡女士，所以主辦單位北京中國婦聯特地安排訪問團到宋慶齡基金會拜會。基金會設在宋慶齡的故居：恭王府的花園，因此有機會同時參觀宋慶齡晚年的生活環境與住處。

她的起居室有一臺鋼琴，其中一個角落有一張高背籐椅，旁邊是一具立燈，地上鋪了一塊小地毯，應該是她看書或與友人見面談話之處。起居室隔壁是餐廳，擺了一張可供四、五人用餐的圓桌，桌邊架上放置著錫製的鍋、碗、瓢、盤，想必是宋慶齡當年使用的餐具，可能經過長時間使用，布滿被碰撞磨損的痕跡。

起居室與餐廳前後都有長長的迴廊，是王府的

▲宋慶齡基金會裡掛著孫中山與宋慶齡巨幅合照。

標準建築，迴廊頂端還吊掛著幾盞已有相當年代的陳年舊宮燈，看來是被刻意保留下來的清代古物。

走出宋慶齡的故居，坐在花園長廊的朱紅欄杆上，比較起宋美齡居住的士林官邸，真不可同日而語。國共鬥爭，宋美齡雖然失去了江山，依舊享盡人間榮華富貴；宋慶齡雖貴為中華人民共和國的副主席，晚年真的很寂寞。

▲宋慶齡居住的恭王府花園的庭院。

一九一五年，宋慶齡與孫中山結為夫妻，一九二五年，孫中山病逝北京，十年相伴，從擔任孫中山的祕書開始，一生堅守孫中山的「聯俄容共」理念，至死不渝，經歷七十年的革命生涯，在中共政權內也算是元老級的政治人物。

一九四九年九月二十一日至三十日，北京第一屆政協會議，宋慶齡出任中華人民共和國中央人民政府副主席；第一屆政協全國委員會常務委員。

一九四九年十月一日，中華人民共和國成立，宋慶齡被授予中國婦聯會名譽主席、中華全國民主婦女聯合會名譽主席、中國人民保衛兒童全國委員會主席的頭銜，主要負責婦女與兒童的文化、教育、衛生、福利工作。

一九五四年，當選第一屆全國人大副委員長；一九五九年四月七日，第二屆全國人大，當選中華人民共和國副主席；一九六五年一月，第三屆全國人大連任副主席；一九七五年一月，第四屆全國人代會，出任常務委員會副會長。

一九八一年五月十四日病重，五月十五日，中共政治局宣布接受宋慶齡為共產黨員，五月十六日，中共全國人大授予中華人民共和國名譽主席的榮譽稱號，五月二十九日病逝北京，享年八十八歲。

臨終前十五天才成為共產黨員

中國共產黨直到宋慶齡臨終前十五天，才批准她成為共產黨員，並授予中華人民共和國名譽主席的榮譽稱號，這種身後哀榮，對於孫中山的遺孀，一位終生獻身革命事業、中共政權內的元老級政治人物而言，真是何其不堪。

今天，共產黨不僅尊稱孫中山先生為革命的先行者，中共總書記習近平還親自主持二〇一六年十一月十二日「紀念孫中山先生誕辰一百五十週年大會」，儼然是孫中山的接班人，不覺有愧嗎？

拜會中國宋慶齡基金會當天，是由曾任中共中央政治局的主席胡啟立主持，在座的還有副主席唐聞生。我對這個名字太熟悉，但是容貌差別太大，最後向唐聞生本人求證，終於獲得證實，驗明正身，她就是一九七二年美國總統尼克森打開中國大門，訪問中國北京時，替尼克森與毛澤東、周恩來當翻譯的短髮、年輕、清秀女生。

唐聞生的父親唐明照是中國第一位聯合國副祕書長，一九四三年，她在美國紐約出生，七歲才第一次回到中國，後來畢業於北京外國語學院。一九七二年當她坐在尼克森、毛澤東這兩位世界重量級領導人物中間，鏡頭前落落大方的表現，令人驚豔，在留美學生圈中引為美談，是偶像級人物。

只是時隔三十五年，面對唐聞生時，見她已是一位滿頭白髮，身型微微發福的中年婦女。更多的感慨是三十五年間，中國經過文革、紅衛兵、六四等風雨與運動，聽說她也曾經受到折磨。還能見到她，不僅是一種意外的驚喜，當然更是一種額外的收獲。

22 兩蔣密使陳香梅因何能遊走兩岸？

中華民國政府自一九四九年遷臺以來，兩岸之間有密使往來，傳遞音訊，帶送密件、信函。陳香梅是傳聞的密使中，唯一的女性。

陳香梅在中國近代史上，算得上是赫赫有名的人物，抗日戰爭期間，陳納德將軍(Claire Lee Chennault)應宋美齡之邀，號召一群美國青年志願軍，組成飛虎航空隊，協助中華民國參加對日抗戰。陳納德將軍遇到採訪他的年輕美麗的記者陳香梅女士，十分心儀。一九四七年，二人結為夫妻，在當時可是轟動的大新聞。

陳納德與陳香梅也因此與蔣介石、宋美齡有極深厚的交情，政府遷臺後，陳納德還協助政府成立民航空運公司（Civil Air Transport，簡稱CAT）。陳香梅兩個女兒的名字美華與美麗，就是宋美齡為她們取的

▲年輕時的陳香梅（由陳香梅提供）。

中文名字。

美國華府政治圈內最有影響力的東方女性

一九五八年陳納德將軍過世後，陳香梅帶著兩個女兒陳美華、陳美麗，獨自在美國華府打天下。一九六〇年代，陳香梅在美國聲譽鵲起，甘迺迪總統委任她擔任進出口貿易之職，是第一位能夠進入白宮工作的華人。此後的八位美國總統，皆委任她出任聯邦層級的政策顧問，成為美國華府政治圈內最有影響力的女性之一。由於她是東方女性，華府的政治圈背後稱她是「龍女」(dragon lady)，當時被冠上這個封號的還有越南總統吳廷琰的弟媳——吳廷瑈的夫人。

▲兩蔣密使陳香梅（右）與作者母親攝於美國華府。

我在一九七五年一月訪問華府期間，除了出席福特總統(Gerald R. Ford, Jr)的國情咨文演說，赴五角大廈拜會外；另一項收穫，是訪問到當年活躍於華府上流社會的社交圈，住在水門大廈頂樓花園公寓的這位著名宴會女主人——陳香梅女士。陳香梅在水門大廈頂樓的花園公寓，有講究的舞池、寬敞的花園，還請了一位中國廚師。在這棟公寓中，她曾款宴過自甘迺迪以下的歷任總統與第一夫人，以及許多到美國訪問的亞洲國家元首們。

建議我訪問陳香梅的人士，是我國駐華府新聞處的陶啟湘參事，他熱心替我打電話安排採訪，陳香梅的反應非常高調，希望在電話中先了解我的背景，與從事新聞工作的資歷。電話中，她還特別問到我在華府期間的行程，當她知道我將參加福特總統的國情咨文發表會、拜訪五角大廈時，立刻邀我到她坐落在華府K街(K Street)一一五一號大樓的辦公室見面。

那時是冬天，她披著貂皮大衣走進來，顯得高貴而華麗，她說剛與福特總統的夫人見面趕回來。辦公室牆角擺著一幅畫家藍蔭鼎的水彩作品，是要請她幫忙轉贈給福特總統的。那天她談到華人在美國的參政困境、政治領袖的斷層問題，以及華人在美國社會的地位等問題。此後，在許多不同的社交場合，也有機會與她見面，我與陳香梅也就成為可以聊天的朋友。

由於一九七〇年代，中共負責僑務的外交官廖承志，是陳香梅的表舅父，而廖承志的父親廖仲愷，則是國民政府的革命元勳，因此陳香梅曾被形容為兩蔣時代最有影響力的兩岸密使。

一九八一年，雷根當選美國總統，陳香梅應鄧小平之邀，以雷根總統特使身分訪問中國，再轉來臺北。在訪臺期間，她曾公開表示：「不做信差，亦不代人傳話。」但是從蔣介石、蔣經國以及李登輝，甚至陳水扁等四位總統任內，都與她保持來往，她雖然極力否認，卻也從來沒能擺脫兩岸密使身分的傳聞。

23 嚴孝章的榮工處長是終生職

一九五九年，嚴孝章出任行政院退輔會榮民工程管理處處長，榮工處當時是臺灣最大的土木工程單位，除了獨攬所有國家重大建設外，還遠赴中東，協助友邦搭橋鋪路，以人力與土木工程換取石油等天然資源。

嚴孝章擔任榮工處長，長達二十八年，幾乎可以與榮工處畫上等號，稱得上是「榮工處之父」。若非得到蔣氏父子的充分信任，以及與蔣氏家族的親密關係，絕無可能長期在這樣的機構擔任負責人。

我曾在蔣孝文家吃過嚴孝章從中東帶回來的新鮮石榴。嚴孝章的妹妹嚴孝京，是孫運璿任經濟部長時的機要祕書，妹夫則是前空軍副總司令姚兆元，兄妹二人也算是當朝權貴。

一九七五年四月五日，蔣介石過世，蔣經國請示宋美齡後，決定將蔣介石遺體暫厝於慈湖，厝地工程之整建，理所當然由榮民工程處負責，在蔣孝武、蔣孝勇的指揮，與嚴孝章的親自督工下，榮工處的工程人員與工人日夜趕工，終於在四月十六日蔣介石靈寢暫厝之日前完工。

嚴孝章任職榮工處長期間，正逢少棒熱，他於一九七〇年成立榮工少棒、青少棒、青棒隊；一九八二年成立榮工成棒隊。一九八六年八月一日，嚴孝章準備於次日前往荷蘭為第二十九屆世界棒球錦標賽，中華與古巴爭冠軍之戰加油，不幸卻於當晚在維也納旅邸心臟病發猝逝。

一九八七年中華杯棒球賽，榮工的四級棒球隊包辦了冠軍，成為臺灣棒球史上第一個「四冠王」，嚴孝章雖然已過世，但仍贏得「成棒之父」的稱號，在臺灣棒壇與謝國城、曾紀恩等人齊名。

▲有「榮工處之父」之稱的嚴孝章。

24 國民黨在日本的最後灘頭堡

一九七九年四月，我通過教育部亞太交換訪問學者徵選，前往韓國、日本，與兩國的外交部、國會以及新聞界進行交流訪問。在日本訪問期間，適逢周恩來的遺孀、人代大會副主席鄧穎超率團訪問日本，拜會了日本眾議院議長灘尾弘吉，並邀他訪問中國。

此趟日本行，除了躬逢其盛外，也承蒙駐日代表處亞東關係協會鍾振宏先生之助，特別安排我前往眾議院議長灘尾弘吉的官舍訪問。灘尾議長興致極高，除了滔滔不絕回答問題外，還邀我到他的庭院，參觀他種植的花草以及設計的景觀，完全無視等在門外的隨扈，準備接灘尾議長赴眾議院。

多年來，曾遇到許多日本國會議員，每當談及這段經驗，都會一再追問當天我訪問灘尾議長，是在他的官舍？還是在議長辦公室？因為日本官員絕少在官舍接見賓客。我之所以獲得如此高規格的禮遇，原因有二：一是中華民國駐日代表處亞東關係

▲日本眾議院議長灘尾弘吉。

協會工作人員平日的工作表現，極得日本政壇人士的肯定；二是抗日戰爭結束後，蔣介石對日的「以德報怨」政策，當代的日本朝野是感激的。

一九七八年十二月十五日，美國總統卡特宣布與中華民國斷交。一個月後，身為「日華議員懇談會」會長的灘尾議長，便率領了八十餘位日本國會議員與軍事、經濟專家，分批來臺訪問。

如今，時移事異近四十年後，雖然李登輝在一九八五年以副總統的身分訪問日本時，曾受到「日華議員懇談會」的接待，但是隨著老一代的日本政要與蔣介石時代的領導階層相繼凋零後，國民黨在日本的最後灘頭堡，已不復存

▲日本眾議院議長灘尾弘吉的官邸庭園。

在。相對地，離開國民黨的李登輝，與民進黨政界人士，反而與日本政、學、媒體界人士互動熱絡，國民黨人不覺得慚愧嗎？

前人留下的資產，竟然沒有能力維護，面臨今日的處境，也就不能怨天尤人。

25 高玉樹選市長，子彈掠過頭頂

一九七八年，美國大使館的末代副館長John Pople在陽明山家中宴客，分三小桌，六人坐一桌，前臺北市長高玉樹、黃翠雲夫婦也是當天的客人，我與高玉樹和主人同桌。

高玉樹在餐桌上，講述他當年在臺北市競選市長時，受到國民黨特務打壓與威脅的經過。他說：「當我正在臺上發表政見時，一顆子彈從我頭上飛過。」高太太聽到，特地從隔壁桌走過來，高聲強調：「那是國民黨特務，為了不讓我們當選幹的！」

既然同桌，當然要有回應，我問高玉樹：「聽說臺北市受人垢病的人行道全面鋪設的紅色地磚，是市長家

▲美國大使館副館長John Pople（右一）暨新舊任政治參事。

的關係企業出品？」

高玉樹聽了當場愣住，主人John Pople聽完這段對話，笑說：「這段對話太敏感，請恕我暫時離開轉個檯，待會兒再回來陪你們！」

敏感話題，輕鬆收場，也難得見識到資深外交官的功力，絕非一般等閒。

26 秦孝儀的墨寶可以避邪

故宮博物院院長秦孝儀是蔣介石與宋美齡的親信，他從一九五〇年一月二十日擔任蔣介石總統府的中文侍從祕書，直到蔣介石過世，於一九七五年七月三十一日卸任，前後長達二十五年。眾所周知蔣介石備受爭議的遺囑，就是秦孝儀執筆。

蔣介石執政的年代，秦孝儀還身兼國民黨中央黨部副祕書長，在黨內的影響力遠超越了當時的祕書長張寶樹。黨內凡是必須經過正副祕書長批示或裁決的重要公文，副祕書長的簽名比祕書長來得大，公文上可以看到大大的「孝儀」與小小的「寶樹」簽名。

一九七三年十一月十一日，國民黨代表在陽明山中山樓召開第十全四中全會，各家媒體獲准上山採訪的記者人數與資格限制極嚴。當時《中央日報》社長楚崧秋認為我剛從國外回來，應該多增加見識與歷練，但是報名核准的期限已過。楚崧秋與秦孝儀碰面時，秦孝儀只在楚崧秋的一張名片上簽了「孝儀」二字，我拿著那張名片，交給新聞局負責核發記者證的科長，第二天便拿到採訪證，與其他幾位同事上陽明山採訪第十全四中全會的新聞了。

一九八七年，《中央日報》駐日特派員黃天才奉調回國擔任社長，黃天才熱衷收集名人字畫，在日本多年，擁有張大千的字畫數量驚人。故宮博物院長秦孝儀的墨寶，當然也是他想要收集的對象。他特地從日本帶回正方形紙面上灑金、且有金框的書畫專用紙，準備送給秦孝儀，真正的目的是希望得到一幅秦孝儀的墨寶。

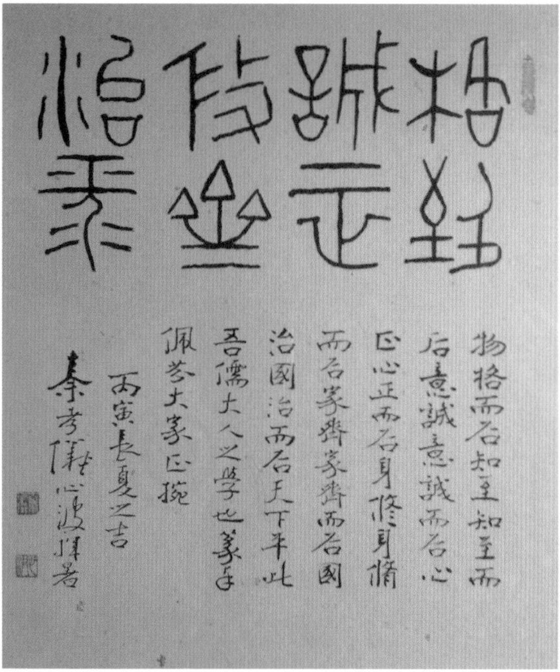

▲秦孝儀的墨寶。

他邀我一同去故宮拜訪秦孝儀，並表明來意，秦孝公說：「自從撰寫蔣公遺囑遭受各方撻伐後，已封筆多年，不再提筆，所以沒辦法答應你們的要求了。」

黃社長聽後，當然失望，但是也不能強人所難。不料事隔多日，黃社長興沖沖地拿了一幅字到我辦公室，說那是秦孝公託人送給他與我各一幅墨寶。他還提醒我說：「孝公的墨寶掛在辦公室，可以避邪！」

在當年威權的時代，連國民黨中央黨部祕書長張寶樹對他都得禮讓三分，黃天才的話可能太直白了一點，但是真的一點都沒錯！

27 黎玉璽與黎玉琢名字決定命運

玉璽是國祚的象徵，曾任海軍總司令的黎玉璽將軍，因為他的名字中有「玉璽」二字，所以受到蔣介石的青睞，無論這則傳聞是真是假，黎玉璽終其一生，官運亨通，則是不爭的事實。

他從一九五九年二月升任海軍總司令開始，五個月後便晉升海軍二級上將；一九六五年，調升國防部參謀總長，一九六七年，出任總統府參軍長，一九七〇年，外放土耳其，成為當年盛行的將軍大使之一，一九七三年，回任總統府參軍長，直到一九七八年轉任總統府戰略顧問。從他擔任過的職務看來，蔣介石將這塊「玉璽」放在身邊，只要「玉璽在，則國運不墜」，並長保蔣介石政躬康泰，國運昌隆。

會助長這種說法，是一直在軍中流傳的一個傳說故事，起源於大陸撤退時，黎玉璽所指揮的太康艦，正是蔣介石的座艦，軍人出身的蔣介石，一向對近身的幹部、侍衛，以及栽培準備起用的受訓學員要求甚嚴。親自點名是基本程序，藉由面對面，可以觀察他們的儀表、談吐，和面對蔣介石本人時處變不驚的態度，做為未來拔擢或重用的標準。

大陸撤退，蔣介石等同慌忙辭廟，前途茫然，一切都是個未知數，在太康艦上召集官兵點名時，點到黎玉璽，黎玉璽應聲：「在！」蔣介石聽在耳裡，心中的感受若是「玉璽在，則國運不墜」，印象必定深刻。加上黎玉璽本人的條件，確有過人之處，在軍旅生涯中，能出人頭地，不足為怪，應該不只是有一個好名字。

黎玉璽在海軍中，是少數科班出身、資歷完整的將軍。早在一九三四年，即從美國邁阿密海訓團軍官隊航海科結訓；一九四六年，參與國共內戰，歷經膠東、遼東沿海海戰；來臺後，一九五八年，因參與八二四海戰與九二海戰揚名；金門海戰時，還負責運送八英吋巨砲赴金門的任務。

不過，和他很親近的朋友們未必作如是想，因為很少人知道黎玉璽有位同胞兄弟黎玉琢，也是海軍，而且官拜少將。朋友們常拿他的名字開他玩笑：「玉璽在，則國運不墜；玉不琢，當然不成器。」黎玉璽是中華民國行憲以來，第一位海軍一級上將，一九五九年，晉升海軍二級上將。比起兄長的成就，黎玉琢的確相去甚遠。

古往今來，中國人一直相信取名字不僅學問大，甚至影響人一生的運與命，雖然只差一字，還真是差別很大！

28 黎昌意：官二代的喜樂哀愁

黎昌意是我哥哥唸師大附中實驗九班同學的諸多官家子弟之一。黎昌意因父親黎玉璽在海軍中的地位崇隆，從一九五九年擔任海軍總司令至一九六五年，隨即轉任參謀總長，緊接著是總統府參軍長、駐土耳其大使。所以，黎昌意從中學時代開始到步入社會，一直生活在父親的光環下，享受人生。

黎昌意生前曾擔任經濟部投資業務處副處長，一九九六年，還當選過國大代表，一九九二年，派駐香港中華旅行社總經理，一九九五年，返臺出任經濟部中小企業處長，二〇〇〇年，政黨輪替後離職。二〇〇四年二月，因心臟病發猝逝，得年六十三歲，以現代醫學而言，算是英年早逝。

派駐香港期間，他兼任國民黨港澳總支部執行長，一向行事高調的他，積極參與活動，在當地發展組織，引發傳統僑社大老們的不滿，曾九度發動倒「黎」，並向國民黨中央反應告狀，最後黎昌意只得黯然去職。

像黎昌意這樣的黨、政、軍官二代，在一九七〇年至一九八〇年代，不止為數眾多，且正值他們的青壯期，可以說是人生最美好、最活躍的階段。譬如，到義大利學歌劇，到阿根廷學跳探戈，跟名師學鋼琴與繪畫等，這一切都是那個年代一般人無法想像的經驗。

此外，豪華的圓山大飯店也是他們當年經常聚會與活動之所，記得一九七〇年代末期的一個夏天，他們在圓山俱樂部的游泳池畔，辦了一場池畔烤肉趴，大夥在游泳池畔邊吃烤肉，邊隨著音樂跳舞、唱歌。最後，玩到興起，有如好萊塢電影上常見的畫面，有人將朋友抬起，連同西裝革履丟入池內，落水者自行爬上岸，不顧一身溼淋淋，又將旁邊友人如法炮製丟入池內，來賓鼓掌叫好。通常在這種場合，女生就是穿得漂漂亮亮在旁邊看，記得有一次，我還穿著夏威夷傳統花布長洋裝去參加。

只是到一九九〇年代後，伴隨著兩蔣時代結束，政治氛圍改變，這番場景已不復見。

29 四大公子中的才子：沈君山

連戰、錢復、陳履安、沈君山並稱當代四大公子，這個組合的由來不得而知，但是若從四人的家庭背景，出身國內外名校、仕途順遂，事業有成來評斷，在在都令同輩人稱羨。

連戰的祖父是連橫，父親是內政部長連震東；錢復的父親是臺大校長錢思亮；陳履安的父親是副總統兼行政院長陳誠；沈君山的父親是農業界大老沈宗瀚。

不過，四大公子無論為人處世、行事作風、言談舉止，都不盡相同，各有各的特色。其中最特立獨行的，就數擔任過清華大學校長、被稱為「棋王」的沈君山了。相較於其他三位公子，他多才多藝，更像是個浪漫文人。

沈君山的智商極高，是公認的才子，能寫文章談論國家大事。他的仕途雖不順遂，但是對世局的看法卻極為透澈，他形容國民黨撤退來臺的同時，也帶來幾乎大半個中國的當代菁英建設臺灣，正如同一群開七四七的機組員，換開 DC-10飛機，當然能快速將臺灣建設成為一個受人稱道的富裕社會。

多才多藝，不拘小節

沈君山也不只是會讀書的學者，他是橋牌高手，曾與好萊塢巨星奧瑪．雪瑞夫(Omar Sharif)交手十餘次；他常向友人炫耀，自己在《紐約時報》的見報次數超越蔣經國；他的圍棋段數可以與林海峰大國手對弈；在臺大讀書時，他是舞林高手，也是籃球健將；一手字寫來，還小有胡適的影子。

但是，他不拘小節，凡事隨興的個性，對他的人生與仕途影響極大。譬如，他因打橋牌沒顧好家庭，甚至忘了太座的臨盆日期，最後失去婚姻；一九八八年，入閣任行政院政務委員，毫不掩飾地告訴友人：「我終於當官了！」他在任上的得意之作，是以「中華臺北」之名參與奧運。但上任不滿一年，即因對政策發言不慎去職，丟掉官位後，還向友人戲稱他的官場來去：「好像請客吃飯，才上完湯，就請客人回家。」

沈君山戀慕有才、有名的女性，曾與「飛躍的羚羊」紀政譜出一段戀情，當他與紀政分手後，相當長一段時間，十分落寞。當時立委康寧祥還邀我一同約他到敦化北路的「萬歲牛肉麵館」去吃牛肉麵，給他一點鼓勵與安慰。當天沈君山刻意面帶微笑，顯得若無其事的樣子，當康寧祥對他說「天涯何處無芳草，憑你的條件一定可以找到令你心儀的對象」時，他的笑容明顯轉為靦腆。

他非常有名仕作風，當他的前妻再婚嫁給他的朋友時，儘管他的母親不以為然，他還是選購了一瓶高檔的香水，親自包裝，繫上緞帶，做為賀禮。

論政治上的成就，沈君山的確遠遠不及其他三大公子，但是他多彩的人生，卻是其他三大公子望塵莫及！

30 帥哥鄭心雄的短暫人生

▲鄭介民之子鄭心雄。

鄭心雄是前國安局局長鄭介民的兒子，鄭介民是蔣介石夫婦的親信，所以，鄭心雄在美國學成歸國後，一路受到國民黨的刻意栽培，短短十二的時間，便已被打造成一顆耀眼的政壇明星。

一九七三年回臺後，除了在臺大心理系任教外，同時進入救國團學校組與大陸組兼職，一九八一年，在擔任高雄市社會局長兩年後，便躍升高雄市黨部主委，一九八三年，調回中央黨部組工會任副主任，再轉任海外工作會與大陸工作會主任，一九九〇年六月，已升任中央黨部副祕書長。正當前途一片光明之際，他得了肝癌，一九九一年底病逝，得年五十歲。

鄭心雄長得一表人才，挺拔帥氣，反應機靈活潑，口才便給，頗有長輩緣。一九七九年，李煥因「中壢事件」下臺，在中視養望期間，蔣經國特別派他到韓國考察農村建設，由鄭心雄隨行，擔任李煥的隨行祕書兼公關。

一九七九年，我考上教育部亞太交換訪問學者，赴日、韓國會訪問交流，在韓國訪問期間，正巧遇到李煥一行人，獲邀參加他們的部分行程，見識到鄭心雄處理事務的靈活、反應快捷、說話風趣討喜的一面，是任何長官和長輩都會喜歡的典型。

鄭心雄在擔任海外工作會主任時，曾拜見他父親的長官——旅居紐約的宋美齡，宋美齡見到故人之子十分高興，又恰逢端午節，就留鄭心雄陪她一同吃粽子。結果，端上桌的餐盤中，只有一顆粽子，蔣夫人吃得少，自己吃一半，另一半請鄭心雄吃。半顆粽子對一個像鄭心雄那般高大的男生，實在不夠塞牙縫。離開宋美齡的寓所後，他餓得哇哇大叫，笑倒在旁的一堆友人。

31 來臺弔唁蔣介石的華裔美國參議員鄺友良

一九七五年四月五日，蔣介石過世，同年四月十六日，舉行奉厝大典，美國政府派遣的弔唁團，最初是由美國農業部長率領，經過我國政府向美國抗議層級太低，才改由副總統洛克斐勒(Nelson A. Rockefeller)擔任團長，團員中包括一位華裔美國參議員鄺友良。

鄺友良是出生在夏威夷的華裔，一九五九年八月二十一日夏威夷群島正式併入美國版圖成為美國第五十州，同時選出兩位參議員，其中之一就是鄺友良。兩天後，他與家人飛往華府宣誓就任，成為美國歷史上第一位進入美國國會的亞洲人後裔。

一九七四年，鄺友良前往中國訪問，途中在臺北稍作停留，為避免敏感，他表明不接受媒體訪問，我卻有幸意外獨家訪問到他。那天很多媒體群聚到圓山飯店要採訪，我也奉報社之命前往，卻被擋在眾多媒體的攝影機之後，後來因為他堅持不對媒體發言，記者紛紛散去，只剩下我一人。這時他剛好走到我面前，我抓住機會說：

「議員先生，我能不能問您三個問題？」也許我用了美國媒體與政壇對國會議員最標準的稱謂稱呼他Mr. Senator，引起他的注意，原本沒有表情的臉上露出笑容，一口答應了我的請求。接著他要前往故宮參觀時，我又徵得他同意，同車前往，沿途更深入採訪。

第二天報導刊登出來後，社長交代我拿五份報紙並附上社長的名片，送到圓山飯店轉交給鄺友良，這招果然有效。鄺友良在離臺記者會上見到我，除了表示感謝，臨上專機時還特地轉身對我說：「他日妳和妳的老闆若有機會到華府來，請通知我，我會招待你們。」

奉厝大典結束返美前，我有機會與他敘舊，像朋友般聊天，言談間他說：「我一直好奇想問妳一個問題，妳為什麼能說與我們相同的語言？」當我告訴他我曾在美國受教育，他才恍然大悟。

鄺友良參議員沒有食言，一九七五年一月，我到華府，他不但請我到國會大廈的參議員餐廳吃飯，還安排我到參、眾兩院聯席會，旁聽福特總統的國情咨文演說。

直到今日為止，相信臺灣還沒有第二位媒體人有這種運氣。

32 參加福特總統的國情咨文演說現場

一九七五年一月十五日中午，我到美國華府，和鄺友良參議員在參議員餐廳用完午餐，鄺友良親自送我到會場——眾議院議事大廳，他特別提醒我：「每位參議員可以邀請一位客人，妳既然遠道從臺北來，今年就請妳做我的客人，留下妳的入場券，相信妳的同業中，還沒有人參加過這項盛會。」

登上二樓對號入座後，發現一身寶藍洋裝的福特總統夫人貝蒂女士(Betty Ford)，與身著孔雀藍黑點洋裝的洛克斐勒副總統夫人快樂女士(Happy Rockefeller)，就坐在右前方不遠處。美國國會議員排資論輩，資深的議員事無巨細，均享有特權，我坐在中間席次就是最好的例子。

當時，正是美國政壇多事之秋，副總統安格紐(Spiro

▲美國政治史上第一位亞裔參議員鄺友良。

T. Agnew)因弊案下臺，尼克森(Richard M. Nixon)從眾議員中拔擢忠厚木訥的福特接替，尼克森總統又因水門案(Watergate scandal)被逼於一九七四年十一月辭職。福特從一名平凡的眾議員，一夜之間成為白宮的新主人，就任兩個月就遇到國情咨文演說，正是證實領導才能並建立個人聲望的大好機會，因此，當年的國情咨文演說會也就格外引人注目。

樓下的大廳中，四百三十五位眾議員相互寒暄，等待一場盛會揭幕。幾分鐘後，一百位參議員依年資深淺，在全場起立鼓掌聲中列隊進入會場。當掌聲再度響起時，出現在走道的是各國駐美大使，依國名的英文字母排序排隊進場，在現場的美國記者一陣騷動，紛紛探聽曾要脅不准中華民國大使沈劍虹出席才同意應邀列席的中共駐聯合國代表，是否能如願以償。當沈劍虹大使微彎著背步入會場時，終於為所有的好奇者解開謎團。

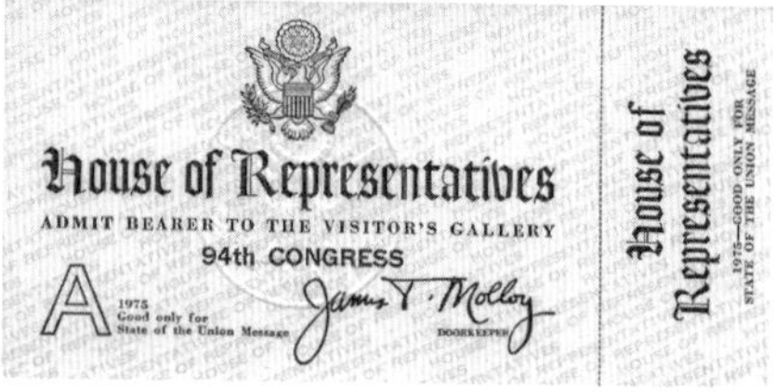

▲1975年1月15日，美國福特總統國情咨文發表會入場券。

美國人是現實的民族，從各國使節入場時受到國會議員歡迎的程度，可以立刻分辨他們所代表國家的強弱。蘇俄大使杜布里寧(Anatoly Dobrynin)態度囂張，當他步入會場時，雙手抱拳，四處作揖，參眾議員們忙著答禮。至於排列在最後面的部分非洲小國大使，根本無法就坐，因為會場並未準備足夠的席位，他們只得站在會場後方聆聽演說。

使節團入座後不久，會場入口處突然人聲吵雜，坐在鄰座的參議員夫人興奮地告訴我：「一定是季辛吉(Henry A. Kissinger)來了！」掌聲響起時，國務卿季辛吉微胖的身軀已邁入會場，身後跟著一群閣員，走道兩旁的議員們爭相迎上前去，向季辛吉握手問好，極盡阿諛之能事，同時也似乎在炫耀自己與季辛吉的關係，與平日在會場中趾高氣昂的態度截然不同。

季辛吉的旋風過後，當天的主角——福特總統，在眾議院議長奧尼爾(Tip O'Neill)以及白宮幕僚的陪同下，緩緩進入會場。福特雖然沒有經過選舉，全場來賓起立向他致敬，以如雷的掌聲，給予這位新上任的總統英雄式的歡迎，以示對他所代表的元首身分的尊敬。

當福特走上講臺，掌聲依舊，久久不停，福特顯然無法適應這個集全國政要於一堂，以及全世界注意力於一身的大場面，站在臺上緊張得兩眼發紅，不知所措地翻動講稿，摸弄西裝口袋，隨即拿起講臺邊的水杯猛喝一口水，靦腆地抬眼望望坐在貴賓席上的福特夫人，無奈地等待掌聲停止。

然後，在全場屏息等待中，福特以慣有的木訥表情、呆板的手勢、低沉的音調開始演講，在歷時四十五分鐘的演說中，只響起九次掌聲。

第二天，華府的政治圈有了新的談話題材，民主黨的政客們私心竊喜，尼克森挑選這樣一位接班人，民主黨在一九七六年的大選中必定大有可為。果然，代表民主黨出馬的卡特(Jimmy Carter)打敗爭取連任的福特總統，在一九七六年的大選中獲勝。

蔣經國時代

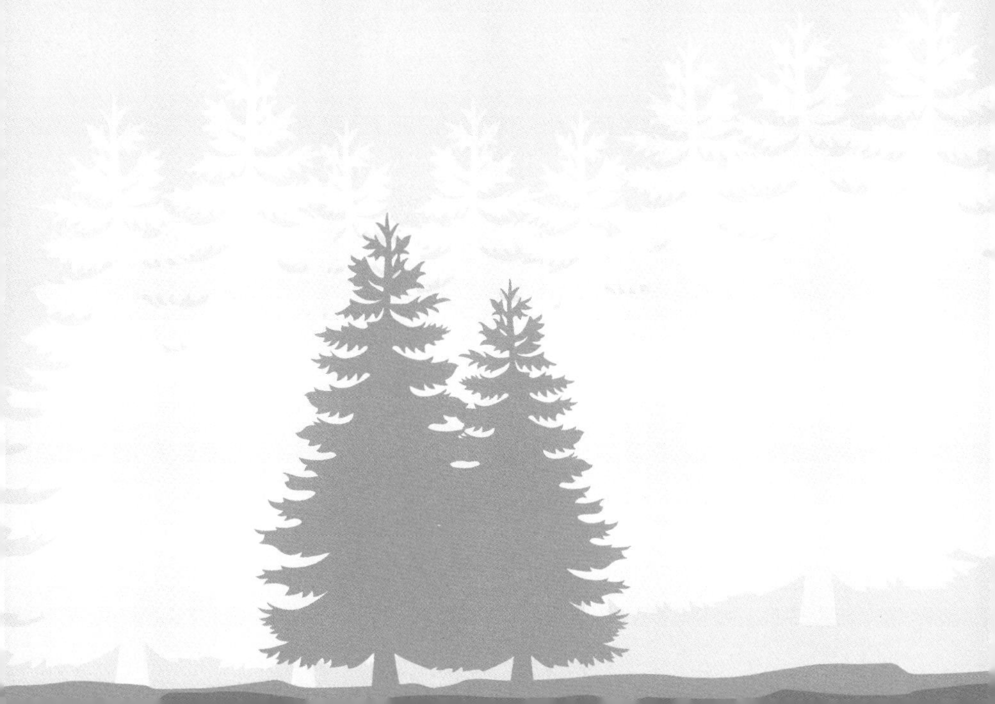

33 蔣經國的坎坷總統路

蔣經國於一九三七年從蘇聯回到中國，並與父親蔣介石化解了恩怨，恢復蔣太子的身分，成為蔣介石打天下的得力助手，直到一九七八年當選中華民國第六任總統，其間整整熬過四十一個年頭，經歷過無數的試煉與磨難。

他在總統任內的十年間，臺灣所發生的國內外衝擊、危機與挑戰，諸如石油危機、十大建設、中美斷交、黨外崛起、民進黨成立、開放黨禁、報禁、兩岸探親等，遠超過李登輝、陳水扁與馬英九三位總統任內所遭逢困難的總合。

任內十年間，中美斷交衝擊最大

特別是中美斷交，對臺灣民心士氣的打擊，更勝過一九七一年被迫退出聯合國。眼看著美國大使館撤館，最後一任駐華大使安克志(Leonard S. Unger)奉召回國，美軍協防司令部、美國軍事援華顧問團等先後撤出臺灣，民間爆出關廠賣屋的移民潮，在在都不是李登輝、陳水扁與馬英九三位總統，曾經面對過的困境堪可比擬。

如今蔣經國雖然已過世二十八個年頭，過去幾年間的多次民調顯示，蔣經國的民間聲望都高過李登輝、陳水扁，以及馬英九三位總統支持度的總數，也算是臺灣人民對曾經為臺灣付出無限心力的前總統，一種肯定與回饋吧！

34 蔣經國自信可做完六年任期

一九八三年後期，蔣經國開始為尋求連任第七任中華民國總統物色副手人選，決定放棄年長又有手傷的謝東閔，謝東閔也謙虛地表示，自己年紀已大，應該讓年輕人出頭。

政壇盛傳可能接替的人選，是聲譽正隆的行政院長孫運璿，於是王任遠、梁肅容等東北幫為了同鄉能更上層樓而興奮異常。一次聚會裡，他們二人問我的看法，我回答：「我看到孫運璿的雙頰有很明顯的蝴蝶斑，不像會走大運的面相。」此話一出，立刻被梁肅容取笑：「妳們留洋的人竟然也會相信面相說！」

另一方面，李煥似乎已知道李登輝將被提名，在一次對話中，他假裝徵詢我的看法，我點名林洋港、邱創煥、連戰等幾位認為可能的人選，並分析他們的優缺點。

說完後李煥反問我：「妳覺得李登輝怎麼樣？」我的回答是：「如果蔣經國在任內有三長兩短的話，李登輝就會是第一位臺灣人總統！」李煥說：「經國先生認為他可以做完六年任期！」

當時我很沒禮貌地回答說：「以蔣經國的年齡與健康狀況，上帝也無法保證他能做滿六年任期。」李煥重複說了兩遍：「他認為他可以做完六年任期！」

李登輝獲蔣提名，孫運璿病倒

蔣經國既然自認可以做完六年任期，換言之，一九八四年獲提名並出任副總統的人，未必是蔣經國心目中卸任後的接班人。

二月十五日在陽明山中山樓舉行的臨全會上，進入宣布提名副總統人選議程的那一刻，包括謝東閔、孫運璿、林洋港、邱創煥等幾位被政壇傳聞得沸沸揚揚的人選，以及全場上千名出列席代表，皆屏息以待。

只見蔣經國主席從西裝口袋掏出一張紙條，緩緩唸出「李登輝」的名字，全場鴉雀無聲，五秒鐘後才爆出一陣掌聲，通過了李登輝的提名案。

而行政院長孫運璿突然於九天後，也就是一九八四年二月二十四日因腦溢血病倒。雖然立刻送往醫院救治，據說當時為了等余南庚院士從美國專程回臺替孫運璿動手術，耽擱第一時間的黃金救治時程，以至腦神經嚴重受創，影響日後正常的言語與行動能力，必須長期復健。

五月十五日，新當選的第七任正副總統蔣經國與李登輝就職前，行政院長孫運璿向蔣經國總統提出內閣總辭，從此結束他的政治生涯，終其一生都必須坐在輪椅上。

35 蔣經國提拔的「吹臺青」們

蔣經國在一九七二年六月一日正式出任行政院長，大力推動一連串的重大政策，其中提拔所謂的「吹臺青」們，最令當時社會耳目一新，人心振奮。一批年輕的青年才俊被拔擢，讓他們在不同的職位上經過重重的歷練，逐步進入政府擔任要職。時隔四十餘年後，社會大眾還能偶爾看到一些當年被蔣經國賞識的「吹臺青」們的身影，也記得他們曾經扮演過的角色。

許水德身段柔軟，忍耐力強，配合度高，是長官喜歡的典型。同為澎湖鄉親的新黨大老陳癸淼，形容他是「無病無痛到三公」。無可否認，許水德的官運確實讓其他同輩的「吹臺青」們難望其項背。他曾任高雄市長、臺北市長、內政部長、駐

▲許水德身段柔軟，忍耐力強，是長官喜歡的典型。

日代表、國民黨祕書長、考試院長。

許水德在內政部長任內，適逢蔣經國過世，長子蔣孝文相隔一年後病逝，許水德曾感嘆徐乃錦的遭遇：「兩年內家破人亡，可憐啦！」並對我說徐乃錦若有什麼需要，可以告訴他。直至今日，他還是很熱心、很活躍的黨籍大老，日前還曾以國民黨大老的身分，負責主持洪秀柱當選國民黨主席的布達儀式。

▲高育仁是當代「吹臺青」中，最具民意基礎的菁英。

高育仁在蔣經國心目中的評價，是當代「吹臺青」中不僅聰明才智過人，也最具民意基礎的政治菁英。他當選過臺灣省議員、臺南縣長，出任過內政部次長、臺灣省民政廳長、國民黨中央黨部祕書處主任、臺灣省議會議長。在祕書處主任任內，適逢中美斷交，他受命於一週內籌備召開國民黨臨全會，機智能力都屬一流，但是與許水德相比，他的仕途坎坷得多。

事隔多年後，許多認識高育仁的人士認為，若非高育仁在省議會議長任內遇到蔣經國過世，或許不至於在離開省議會後只擔任三屆立委，政治之路便嘎然而止。

一九七五年，趙守博寫了一篇〈摒棄落伍觀念，加速革新進步〉的長文，刊載在《中央日報》上，被當時正大力推動革新的行政院長蔣經國看中，在國民黨中常會上，呼籲全國公務員都應該閱讀。省主席謝東閔會後立刻召見了同為彰化同鄉的趙守博，並請他擔任救國團學校組組長，趙守博從此踏入政壇。

他從省府新聞處長、社會處長，到國民黨中央黨部文工會副主任、社工會主任。一九八九年，正式入閣出任勞委會主委，一九九四年，升任行政院祕書長，一九九八年轉任末代省長至二○○○年政黨輪替，是政壇常青樹之一。

▲趙守博因一篇行政革新建言踏入政壇。

36 蔣經國過世當天不知大限將至

放眼古今中外，政壇上沒有永遠的「不倒翁」，當然蔣經國也不能例外，只是直到最後的一段日子，猶不知自己大限將至而已。

蔣經國於一九八八年一月十三日病逝。其實他的健康情況早已明顯惡化，大家有目共睹，特別是在一九八七年十二月二十五日的行憲紀念日大會上，他坐著輪椅，因頸椎無力，頭部下垂，面對舉白布條抗議的民進黨國大代表似乎沒有反應，有人甚至懷疑其實他已沒有視力。

他的長媳婦徐乃錦事後透露說：「阿爸後期糖尿病嚴重，來家裡看孝文，已無法自行走上二樓，家中特別為他裝了一臺升降機，讓他可以坐著輪椅直上二樓。吃飯時常常打嗝，有反胃的現象，可見胃出血已在腹中累積很久，所以最後吐血時，血液凝結成塊狀，

DECEMBER 1987

S	M	T	W	T	F	S
		1	2	3	4	5
6	7	8	9	10	11	12
13	14	15	16	17	18	19
20	21	22	23	24	25	26
27	28	29	30	31		

JANUARY 1988

S	M	T	W	T	F	S
					1	2
3	4	5	6	7	8	9
10	11	12	13	14	15	16
17	18	19	20	21	22	23
24/31	25	26	27	28	29	30

FEBRUARY 1988

S	M	T	W	T	F	S
	1	2	3	4	5	6
7	8	9	10	11	12	13
14	15	16	17	18	19	20
21	22	23	24	25	26	27
28	29					

▲1988年1月13日（星期三），兩蔣時代結束。

像仙草一般呈現黑色。」

此外，徐乃錦還說：「蔣經國過世前兩、三個星期，感覺精神不錯，還自己操作輪椅到蔣方良床旁，說最近自己身體好多了。」如今看來，那只是迴光反照罷了。蔣經國的近身幕僚形容他最後一年多的身體狀況，有如「油盡燈枯」。

其實當一個強人總統晚年健康情況急速惡化時，即使依舊擁有極大的權力，然而對自己堅持的施政原則、一生的理想抱負，已力不從心；同時面對國際的壓力，以及國內反對勢力的挑戰，雖然在百般無奈的情況下，被迫必須向現實妥協，解除戒嚴開放報禁、黨禁與兩岸探親，但是對社會與百姓而言，何嘗不是一件好事。

沒有人能否認蔣經國在臺灣深耕地方，發展建設三十餘年，對臺灣這塊土地有相當程度的了解與認同，到了臨終，對社會與家人，當然會有諸多的不捨。

一九八八年一月十三日，蔣經國過世當天是星期三，是國民黨例行舉行中常會的日子，當隨扈準備開車接他前往國民黨中央黨部時，他突然對隨扈說：「今天不到中央黨部。」並要隨扈與駕駛開車載他到臺北縣淡水的八里鐵橋前，蔣經國坐在車上，默默注視那座在當年堪稱高科技產物的紅色鐵橋，蔣經國認為那是他的得意之作。

回到寓所後，他表示想見長子孝文，於是徐乃錦陪同蔣孝文到七海寓所，與父親共進午餐，蔣經國對蔣孝文，與其說有太多的不捨，不如說是對大兒子實在放心不下，關心地問了蔣孝文的身體狀況與生活情形。

蔣孝文與徐乃錦二時左右離去後，蔣經國於三點多吐血而亡，第一時間趕到現場的家屬是宋美齡與徐乃錦。宋美齡見到蔣經國吐出的血呈現黑色塊狀，曾問醫護人員：「為何沒有送蔣經國到醫院救治？」由於蔣經國晚年健康狀況不佳，官邸長駐有總統醫療小組的醫護人員就近照料。四名子女中，蔣孝章、蔣孝武在國外，蔣孝文身體不好，根本無法幫上忙，真正在身邊管事的就只剩下蔣孝勇，以及當時的祕書王家樺。

當時政壇盛傳，外人求見蔣經國，必須透過祕書王家樺，經蔣孝勇同意，蔣孝勇因而被坊間譏為「地下總統」。蔣友梅事後說：「蔣孝勇曾交代醫療小組，沒有他的同意與許可，任何人不得搬動蔣經國。而當天蔣經國出狀況病危時，醫療小組人員卻遍尋不著蔣孝勇。」她說：「將來有一天，她會將事實真相寫出來。」

37 退出聯合國：臺灣人民的夢魘

二〇一六年九月二十七日，國際民航組織（International Civil Aviation Organization，簡稱ICAO）在加拿大蒙特婁舉行三年一度的大會，臺灣遭到中共封殺，未獲邀請參與。臺灣代表團一行依舊如期出發，決定在會場外與各國代表交流，爭取支持，並在大會前舉辦酒會，宴請與會代表。然而被臺灣寄予厚望的兩大支柱——美國與日本兩國代表並未現身，這個場景與一九七一年我國被迫退出聯合國前夕的氛圍，如出一轍。

一九七一年十月二十五日，聯合國召開的一九七六次全體會議中，將決定是否由「中華人民共和國」取代「中華民國」在聯合國中的席位。

一九七〇年，美國總統尼克森為了對抗蘇聯而拉攏中共，在中共爭取聯合國席位議題上讓步，一九七一年，美國與中共的「桌球外交」（註），徹底瓦解了支持中華民國的陣線。

當時的臺灣省主席謝東閔，還特地於十月十七日至二十五日，親自帶領一個臺灣省代表團到紐約宣慰僑胞與留學生，報告政府的立場，也為我國駐聯合國人員加油打氣。我們與謝東閔率領的代表團見面時，團員中包括了一位曾經代表臺灣，到北京參加中國全國運動會的女性短跑選手。

聯合國會議投票前，我國駐紐約總領事館依照慣例，在聯合國對面一家豪華中國餐館舉辦酒會，宴請友邦代表，當晚的來賓卻是稀稀落落，氣氛十分尷尬，我們幾個在酒會會場外餐廳吃飯的留學生，臨時被請進去充場面。

十月二十五日投票結果，沒有意外，以七十六票贊成、三十五票反對、十七票棄權翻盤，通過中華人民共和國取代中華民國，獲得在聯合國中的「中國」席位。

臺灣被迫退出聯合國，被美國《時代雜誌》(*Times*)形容為：臺灣從此淪為亞洲的孤兒。這場外交戰的挫敗，也是中華民國在國際舞臺上一連串惡夢的開始，原有的六十八個邦交國紛紛與我斷交。值得慶幸的是臺灣同胞在政府的號召下，政府與全民通力合作無間，才能安然度過那一段最艱辛的歲月。

不同於退出聯合國時的情勢，當年是由於美國態度轉變，才幫助中共奪得聯合國的席位；如今時移勢易，中共今日的國力與一九七〇年代相形之下，有如天壤之別，僅靠美、日口惠而實不至的支持，無濟於事。

今天，面對中共的無論是「封殺」或「打壓」，如何克服橫亙於眼前的一場更嚴苛的挑戰與考驗，臺灣同胞是否已做好心理準備？

（註）一九七一年，中國主動邀美國桌球隊訪問北京，一九七二年，中國桌球隊回訪美國隊，兩國桌球隊的互訪，結束了彼此自一九四九年之後二十多年來人員互不往來的局面，並進而推動日後中、美兩國恢復邦交。

38 蔣經國託辜嚴倬雲勸辜寬敏回臺

近年來，在海峽兩岸，「臺獨」是很夯的名詞。事實上，臺獨運動始自日治時代，那時的臺獨人士是第一代；二二八後東渡日本的臺籍人士如辜寬敏，在海外倡導臺灣獨立，則屬第二代臺獨。

一九七〇年代中期，海外臺獨運動從日本發展至美國，且極為活躍，是為第三代。蔣經國一九七〇年四月以國防部長身分應邀訪美，在紐約遇刺。一九七四年出任行政院長後，處理臺獨問題便被列為施政的當務之急。

旅日的辜寬敏是辜顯榮的日籍夫人所生，也就是辜振甫（已逝的和信集團領導人，海基會第一任董事長）同父異母的兄弟，當然有象徵性的意義。蔣經國於是請託辜寬敏的大嫂辜嚴倬雲女士，也就是辜振甫的夫人，赴日勸說，只要人回來，除了既往不究，所有被政府沒收的財產，也全數歸還給辜寬敏。後來辜寬敏回臺，政府也依照承諾，將臺北榮星花園等財產如數歸還給他。

▲辜寬敏的大嫂辜嚴倬雲（中）。

辜嚴倬雲所以能肩負起這份重任，必須追溯自辜寬敏在日本期間因倡導臺獨不得回臺，獨子辜朝明在臺灣的婚事，完全是由大嫂辜嚴倬雲一手打理，不僅親自將門第極不相當的對象收為義女，再從辜家出嫁，有情有義。辜朝明後來成為國際級經濟學家，辜嚴倬雲也感到特別欣慰。

直到今日，辜寬敏與辜嚴倬雲雖然政治立場截然不同，但是辜寬敏無論在任何場合、任何時間，只要提到辜嚴倬雲時，依舊以大嫂相稱，對她也有相當程度的尊敬，並保持一定的禮數。

39 蔣經國走訪民間的故事

蔣經國走訪民間的小故事，在一九七〇年至一九八〇年間，電子媒體與報章雜誌可謂成篇累牘，在這裡提出三則鮮少人知的小故事應景。

其一，蔣經國對青年工作極為用心，也喜愛以青年導師自居，有一回特地到師大校園探訪學生，走到一張校園內的椅子前，加入兩名學生聊天。蔣經國詢問兩名年輕人：「今年幾歲？唸幾年級？」兩人回答：「二十歲，讀大學三年級。」蔣經國再問：「你們都唸什麼系？」兩名年輕人頓時愣住，無法回答。

因為唸什麼系所，不在安全人員演練範圍內，蔣經國立刻察覺有詐，知道兩名年輕人是安全人員所喬裝，根本不是師大的學生，憤而起身離去。

其二，蔣經國為了展現親民形象，喜歡直接面對民眾，有一回到宜蘭縣礁溪鄉公所，蔣經國下車走進鄉公所，問櫃臺工作的小姐：「妳知不知道我是誰？」櫃臺小姐望了蔣經國一眼，回答：「不知道。」蔣經國自覺無趣，一臉尷尬，繼續巡視現場，旁邊的隨從則是想笑又不敢笑。

即使是在今日，媒體網路資訊發達的時代，答不出行政院長姓名的都會區年輕人大有人在，何況是在媒體不發達的年代，又是鄉村，不知道蔣經國長得什麼模樣，應該很正常吧！

其三，蔣經國走訪民間最溫馨的經驗，應該是一次下鄉了解農村生活。除了到農民家中泡茶、吃水果，閒話家常外，還特地到田邊探視下田工作的農家婦女。一位頭戴斗笠，臉部罩著花布防太陽的農婦，見到蔣經國站在田邊，上前打招呼，手中握住一把隨手在田裡拔的酢漿草花，送給蔣經國，由於天氣太熱，粉紅色的小花朵，已下垂九十度。

蔣經國欣然接過野花的那一幕，讓人很難忘懷。

40 蔣經國用國建會籠絡海外學人

一九七〇年四月二十五日，蔣經國在國防部長任內應邀訪美，在紐約廣場飯店(Plaza Hotel)門前，遭臺獨分子黃文雄與妹夫鄭自才行刺未果。

一九七二年六月一日，蔣經國出任行政院長後，處理臺獨問題態度積極。行政院施政的重點之一，是舉辦「國家建設研討會」（簡稱國建會）。由教育部、行政院青輔會、救國團等單位主動邀請長年旅居海外學成名就、心繫家國的學人，趁暑假期間回國參觀國家建設，並與政府各部門負責人面對面討論國是。

期盼他們能了解國家的現況與未來的發展前景，更歡迎有志貢獻國家的海外學人回國服務。

▲宋時選（左一）與國建會出席學者。

曾參加國建會的學者專家回到僑居地後，為了維持在國建會期間建立的友誼，並建立長期與政府保持連繫的管道，同時也可做為獲得回國服務機會與資訊的橋梁，特別組成地區性的國建聯誼會。

國建會不僅為學人、留學生回國服務開啟了一扇大門，一時間，學人回國服務蔚為風潮，為國家建設投入了新的活力；此外，也可藉由參與過國建會學者的介紹，讓他們居留地的政府與人民，對中華民國的真實面貌有進一步的認識，影響深遠。

41 蔣經國有多重性格？

有關蔣經國的情愛故事，從一九三七年三月他帶著妻子蔣方良與長子孝文自蘇聯回到中國開始，各種傳聞不斷，牽扯到的女性與故事，為數之眾，故事之精彩，曾經被出成專書，編成檔案。

由於蔣經國長年忙於工作，加上愛拈花惹草，他的俄國妻子蔣方良，被形容為「失去自我的深宮怨婦」。但是，蔣經國為了自己的政治前途，終其一生，都未離棄蔣方良，他與妻子兒女的日常生活，充滿許多令家人與兒孫輩津津樂道的趣事與照片。

蔣經國到底是什麼樣的人？他在外風流成性，近乎放浪形骸；對內似乎又是個顧家的男人，家規甚嚴；對他的贛南子弟兵則是恩威並施，賞罰分明，可以風流卻嚴禁貪財。這種多重性格，往往是古今中外許多身為太子或可能接大位的儲君，為求順利接班，避免成為權力鬥爭下的犧牲品的表現。在登大位的過程中，不僅必須表現非常低調，謹言慎行，同時還必須表現出胸無大志，甚至生活糜爛，裝瘋賣傻的模樣。

蔣經國回到中國，被父親蔣介石接納後，雖被稱為「蔣太子」，然而在當時英雄豪傑無數的政壇，接班過程中充滿了變數，政府退守臺灣後至一九七〇年代之前，亦復如此。所以蔣經國出任行政院長後的表現，在外中規中矩，戮力從公；在家則表現出是個好兒子、好丈夫、好父親。

蔣經國展現的這些行為，是他的權謀？或是他的本性？抑或是他真的具有多重性格？

42 蔣經國與魏景蒙共享的祕密

蔣經國曾在一次總統府召開的國安會議結束後，當與會的眾官員起身恭送他離開會場時，蔣經國走到當時中央社社長魏景蒙跟前，用濃厚的寧波話輕聲問魏景蒙：「Emily好吧？」一旁的與會官員一頭霧水，因為蔣經國與魏景蒙這句對話內容，和當天會議談論的議題完全不相干。

不過蔣經國的家人卻能夠解讀那一句話，Emily就是魏景蒙的女兒，也就是藝人張艾嘉的母親魏淑娟。魏淑娟明眸皓齒，可稱得上是當代不折不扣的大美人。從這句簡單的問話，可以想像魏景蒙與蔣經國之間的關係，不僅僅是長官與部屬，應該還有許多不可告人、只有兩人可以分享的小祕密吧！

一九八二年十月七日早上，臺北市忠孝東路三段二一七巷十九弄雙號門牌的一棟公寓門前，站了許多警察，身為媒體人，當然立刻驚覺到有狀況發生。事後才知道，曾擔任過新聞局長、中央通訊社社長等職位的政壇與新聞界大老，總統府國策顧問魏景蒙，在他的紅粉知己住處猝逝。由於魏景蒙曾任新聞局長，報禁也未開放，只有每天各出刊三大張的《中央》、《聯合》、《中時》三大報，所以當時新聞的處理很保守。

一九八四年五月十九日，謝東閔卸下副總統職位後，次年邀《聯合報》採訪主任戎撫天與我，到他的老家彰化二水去參訪。謝東閔為了送我們當地特產——濁水溪石硯，到一家文物供應店選購。女老闆見到謝東閔，很高興拿出許多魏景蒙的文集、墨寶、手稿向大家展示，其實是炫耀。謝東閔問她：「妳怎麼會有這些文稿？」

女老闆告訴謝東閔，她的妹妹陳薇是魏先生的「友人」，眾人恍然大悟，特別請她在挑好的石硯背面刻字留念，她也大方熟練地用小電鑽刻上「乙丑菊月、二水鳳嬌」，四塊精美石硯則象徵性只收謝東閔一千元臺幣。

43 蔣緯國怕蔣經國會斃了他

世人都是以蔣介石的二兒子、蔣經國的兄弟看待蔣緯國，歷史也如此記載，蔣家的晚輩們都尊稱他為「二叔」。蔣緯國是戴傳賢（即戴季陶）的兒子，因此，蔣緯國與戴傳賢的兒子戴安國是兄弟，戴安國病危住院時，蔣緯國曾請他的辦公室主任蘇勵民幫忙探視，蘇勵民談到自己長官的身世時，曾感慨地說：「看到躺在病床上戴安國的側面，跟蔣緯國的側臉幾乎一模一樣。」

蔣緯國雖然因為姓蔣，享有許多特權，但他的個性開朗，作風豪邁，卻處處受到蔣經國的壓抑。蔣緯國當然心知肚明，黨政軍高層也瞭然於胸，儘管接受蔣緯國，卻不敢違背蔣經國的指示。從空軍總司令司徒福透露的一段漏網故事，足以證明蔣緯國的感受，絕不是自怨自艾。

司徒福將軍擔任空軍第三聯隊長期間，曾駐紮在臺中清泉崗空軍基地，一天接到裝甲兵少將司令蔣緯國的電話，表示要趕回臺北出席重要會議，要求司徒福派出軍機送他，司徒福沒有同意。過了不久，蔣緯國親自駕駛一輛裝甲車，掀開駕駛艙蓋，戴著風鏡站立在車上，轟隆隆駛入清泉崗基地與司徒福交涉。司徒福無奈，只得告訴他：「沒有蔣經國的手諭，不得放行。」蔣緯國才悻悻然開著裝甲車離去。

蔣經國就任總統後，推動革新，力倡節約，公務員婚宴只許宴請十桌賓客；各類公家會議活動聚餐，要用梅花餐（五菜一湯）；夏天上班，盡量使用電風扇，不開冷氣；率先穿著青年裝，取代西裝領帶。

蔣緯國當然也穿青年裝，只是至交好友遍及各行各業，大小餐敘不斷，也不可能吃梅花餐。一天中午，他正在外與友人聚餐，接到辦公室來電，告知：「總統（蔣經國）召見！」他立即趕回辦公室換上軍常服，正準備出門時，對著鏡子遲疑了片刻，嘴裡喃喃自語：「什麼時代了，他也不能把我斃了，去就去！」

傳言蔣緯國與一九八〇年代飾演華視連續劇小王爺爆紅的女藝人陳麗麗，互相心儀。陳麗麗是華視的當家花旦，她主演的連續劇，反串小王爺一角的豪邁架勢與唱腔，迷倒無數觀眾，為華視賺進了大把鈔票。她在華視攝影棚有專屬的停車位，當華視新大樓落成，公司長官們還戲稱華視的新大樓有一層是她替公司賺的。

蔣緯國對待她有如女兒般疼愛有加。陳麗麗有一般演員的通病，隨興又不拘小節，拍戲時，生活作息往往日夜顛倒，食不定時，蔣緯國也都能忍受。

蔣緯國對陳麗麗的寵愛，麗麗的好友們有目共睹。蔣緯國偶爾會毫不避諱地要廚子將準備好的整桌晚餐飯菜，全數搬到陳麗麗住處——信義路四段「川揚一枝春」餐館樓上，與麗麗的好友們共餐。

陳麗麗偶爾私下也會炫耀蔣緯國對她的心意，譬如蔣緯國提供她金卡級的信用卡副卡；另外還曾展示過她收到的一只俄羅斯特色鑲滿珠寶的蛋型首飾包；更誇張的是，有一年在屏東舉行漢光演習，陳麗麗特地搭飛機前往高雄與蔣緯國會面。單純近乎天真的陳麗麗甚至相信，有朝一日，她會成為蔣緯國夫人。

在一次聚會裡，因電影《梁山伯與祝英台》而紅遍華人世界的凌波對陳麗麗說：「以蔣緯國的身分，儘管他再寵愛妳，也別以為他會和妻子離婚，娶一個藝人！」剔透人性的凌波一直與她的演員丈夫金漢相廝守，幸福過日子。

▲司徒福講蔣緯國的故事。

蔣緯國在人前，愛開父兄的玩笑說：「哥哥、爸爸真偉大！」可見蔣緯國對偉大的哥哥蔣經國還是充滿畏懼，特別是偉大的爸爸過世後，靠山沒了，安全感當然就沒了。

臨終前的控訴

蔣緯國臨終前，留下一捲錄音帶給中興大學教授范光陵，宣稱「蔣經國也不是蔣介石兒子」，因為蔣介石年幼時坐在炕上，不慎傷了生殖器，已失去生育能力，而且毛福梅懷有蔣經國時，蔣介石人在日本。

這種控訴出自臨終前的蔣緯國之口，不僅直接反應了蔣緯國壓抑一輩子在心中對蔣經國的怨與恨，同時也刻意汙衊毛福梅的貞操與蔣經國的出身。

蔣緯國若要為自己的控訴負責，應該在蔣介石與蔣經國在世時提出，此外，也應該在蔣家父子當政的年代，主動公開自己的身世，放棄一切因為姓「蔣」而享有的特權與尊榮。

如今，幾位當事人都已故去，前人的評價就留待後人去論斷。只是，蔣經國與蔣緯國兄弟在世時，蔣經國享有權勢，蔣緯國也享受了一生的榮華，還算公平吧。

44 沒有第一夫人頭銜的蔣方良

蔣方良雖然貴為蔣經國總統的夫人，卻始終不曾享受過第一夫人的頭銜與榮顯，她的官式稱謂是「經國先生夫人方良女士」，她的行事作風低調到近乎隱形。蔣經國的職位愈來愈重要，她的生活也愈來愈寂寞且單調。

平日生活中唯有的樂趣，就是兒子們輪班回官邸吃飯的聚餐時刻，以及長孫女蔣友梅回國探親的日子。蔣友梅愛漂亮，常會帶回英國的時裝雜誌，提供祖母做為編織的樣板。方良女士編織毛衣，一方面是嗜好，另一方面也可以消磨時間。方良女士編織毛衣的技巧純熟，成品穿在蔣友梅身上，可以媲美百貨公司的知名品牌。

每逢月底，蔣經國照例扣除兩百元做為自己的理髮費後，將薪水袋全數交給蔣方良，方良女士則按比例分給幾個孩子貼補家用，蔣友梅在英國的花費占了相當比例。身為女人，儘管手頭拮据，看到珠寶還是會動心的，當友人帶流行珠寶首飾前來展示時，方良女士會把玩一陣後，將珠寶首飾退回，拿出自己的舊首飾，請朋友照時下流行新款式改鑲翻新。珍珠似乎是她的最愛，僅有的兩次盛裝出席公開場合，都是長旗袍搭配長串珍珠項鍊，簡單大方。

親民黨主席宋楚瑜對蔣方良可謂有情有義，二〇〇三年春節過後，有一次宋楚瑜的親信張顯耀到國衛電視臺來上節目，結束後閒聊中，透露蔣經國過世後，蔣方良過年期間手頭拮据，甚至沒有多餘的錢給家中幫忙照顧她的幫手們。宋楚瑜知道後，交代他去銀行的親民黨帳戶提領三十萬現金，送到七海官邸給蔣方良。張顯耀到銀行提領時，卻發現銀行戶頭裡的餘額根本不足三十萬，最後還是由宋楚瑜自行設法籌足三十萬元，送去士林官邸給蔣方良過年。

張顯耀希望我能幫忙轉告國民黨主席連戰，隔天遇到連戰擔任行政院長時的幕僚長趙守博祕書長，我請他先代為轉告。事後不久，趙守博祕書長回覆我說：「連主席聽到後很驚訝，因為國民黨有為蔣方良編列一筆經費，做為每個月的生活費。」趙守博向連戰表示：「按月提供蔣方良生活費之外，逢年過節，手頭總是需要一些多餘的錢打點家裡的工作人員。」

宋楚瑜的用心，蔣方良當然點滴在心頭，宋楚瑜也是蔣經國過世後，可以隨時到七海官邸探視蔣方良的舊臣之一。

45 蔣友梅是蔣經國的最愛

▲蔣友梅（右一）攝於魏景蒙女兒魏小蒙（左二）宅第。

蔣友梅是蔣孝文與徐乃錦的獨生女兒，蔣經國的長孫女，出生後不久，蔣經國希望蔣孝文與徐乃錦回美國完成學業，蔣友梅則由他與方良負責教養。所以，蔣友梅是在蔣經國夫婦跟前長大，蔣經國夫婦對她的寵愛無人能及，祖孫三人的互動，就是日常生活中最大的樂趣。

蔣友梅上幼稚園時，因為黃頭髮與灰綠色眼珠，遭到其他小朋友們投以怪異眼光，因而鬧情緒不願上學。蔣經國無奈，便哄她：「妳不上學沒關係，爺爺幫妳去上學，妳幫爺爺去上班。」蔣友梅想了想，只好點頭同意乖乖去上學。

一九七〇年，蔣孝文病倒時，蔣友梅只有九歲，她的母親與祖父母為了照顧她爸爸的病情，忙得焦頭爛額，已無暇他顧。家人只得決定忍痛將小小年紀的友梅送到英國的寄宿家庭幫忙照顧。蔣經國不放心，又無法去英國探訪寄宿家庭的情況與成員，只好請準寄宿家庭兩夫婦到臺灣與蔣經國見面，面試過後，才放心讓蔣友梅到英國與他們一起生活。

蔣友梅由母親徐乃錦負責護送前往英國，母女二人曾在美國紐約短暫停留，友梅表示要寄風景明信片給在臺灣的同學，徐乃錦告訴她，下樓到旅館櫃臺去寄。沒幾分鐘，友梅回房間向母親說：「媽咪，妳沒告訴我寄信要郵票！」

有一趟蔣友梅回臺省親，到美容院洗頭，花了二百元，回家後一直嚷嚷：「這是什麼世界，洗個頭竟然要二百塊錢！」蔣經國笑她：「妳的頭為什麼那麼值錢？我剪一次頭髮才二十塊錢，我給師傅一百塊，告訴師傅不用找錢，多餘的留下作小費，師傅還直對我鞠躬說謝謝。」

▲蔣友梅結婚照。

蔣友梅雖然在英國學的是藝術，年紀輕輕，涉獵的書籍卻包含《孫子兵法》、《資治通鑑》、《儒林外史》等，每次回臺，也會買黨外雜誌閱讀。

蔣經國晚年，眼睛因白內障開刀，蔣友梅返臺探望，帶了一本黨外雜誌，坐在床邊陪祖父聊天。她問蔣經國：「爺爺，你為臺灣做了這麼多事，為什麼黨外雜誌把我們全家都罵慘了？」蔣經國反問她：「怎麼會？」蔣友梅回說：「不信，我唸給你聽！」蔣孝武與隨扈在門外聽到祖孫二人的對話，大為吃驚，又沒人能上前阻止。

蔣經國晚年，糖尿病嚴重，無法長時間穿皮鞋走動，許多黨內公開的大活動，諸如國民黨全會或臨時全代會，都會看見蔣經國穿著整套西裝，腳下卻穿了一雙天藍色的運動鞋。家居時，通常穿一雙總統官邸老管家阿寶姐親手縫製的中國民間傳統軟底黑布鞋。

蔣經國過世後，有一天我到蔣孝文家去看徐乃錦與蔣友梅，經過友梅房間門口，被她床頭一堆黑色東西嚇到，走近看，原來是蔣經國生前穿的黑布鞋，其中一只的腳尖處已經磨損脫線。友梅告訴我：「黑布鞋是爺爺的遺物，我已將它洗乾淨，要帶回英國作紀念。」

蔣友梅曾告訴我一個故事：蔣經國一九八八年一月十三日過世，阿寶姐改不了多年的習慣，每天依舊準備一杯白開水，放在蔣經國的床頭櫃檯上。到了第七天，阿寶姐發現水杯中的白開水少了一半，立刻直奔到蔣方良床前說：「太太！太太！先生昨晚回來了！」

幾天後《新新聞》週刊總編輯江春男與我見面時，我向他談到這段故事，但是特別提醒他不能報導。沒想到江春男竟將它原原本本地刊登在《新新聞》週刊上，當然那一期《新新聞》週刊狂銷好幾版，也從此奠定當時政論刊物一哥的地位。

江春男也許對洩漏我們談話的內容，心中感到歉意，秀才人情，免費贈送我好幾年的《新新聞》週刊。

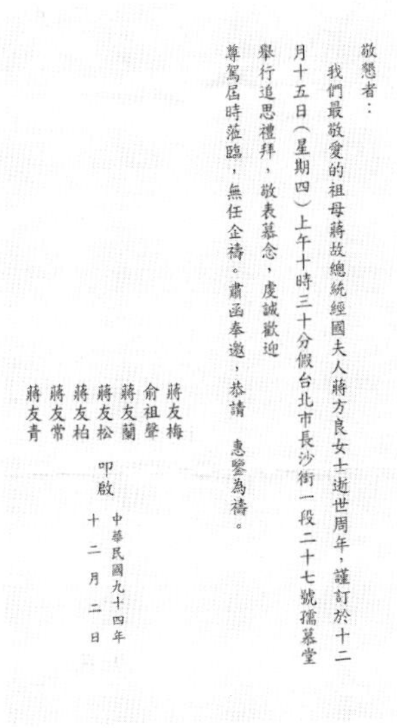

敬懇者：

我們最敬愛的祖母蔣故總統經國夫人蔣方良女士逝世周年，謹訂於十二月十五日（星期四）上午十時三十分假台北市長沙街一段二十七號孺慕堂舉行追思禮拜，敬表慕念，虔誠歡迎

尊駕屆時蒞臨，無任企禱。肅函奉邀，恭請　惠鑒為禱。

蔣友梅
俞祖聲
蔣友蘭
蔣友松　叩啟
蔣友柏
蔣友常
蔣友青

中華民國九十四年十二月二日

▲蔣方良逝世週年追思禮拜邀請函。

46 蔣經國與愛女蔣孝章

蔣經國晚年愛穿一件土黃色保暖的夾克四處走動，令人印象深刻。一般人很少注意到，有時候在冬天的某些大型會議與場合裡，會看到蔣經國在正式的西裝裡，搭配一件鮮豔的紅毛衣，遇到身邊的親信時，總是掩飾不住心中的喜悅，告訴大家毛衣是獨生女兒孝章在美國買來送他的，還問大家：「毛衣好看嗎？」

大家都知道，蔣經國晚年為糖尿病所苦，無法長時間穿皮鞋行走或站立，所以，偶爾會腳踩一雙天藍色的運動鞋，或柔軟的小羊皮便鞋，出現在諸如國民黨的全體代表大會上。不用懷疑，當然又是貼心的女兒孝章從美國替父親選購的衣著。

蔣孝章從小被蔣經國視若掌上明珠，一九五七年，中學畢業便被送往美國繼續學業。蔣經國希望她將來能嫁一位學者夫婿，當然另一層深遠的用心，是不希望像父親蔣介石娶了宋美齡後，外戚孔、宋家族成員介入政治，操控金融，禍害國家社會。

當蔣經國聽說女兒蔣孝章愛上已婚且受託照顧她的俞揚和時，憤怒得不顧俞揚和的父親國防部長俞大維與蔣家兩代的關係，也顧不得自己在國防部轄下的退輔會工作，直接到部長辦公室去拍俞大維的桌子理論。俞大維無奈，只得要兒子俞揚和與元配離婚，娶蔣孝章為妻。

一九六〇年八月，蔣孝章成為俞大維的媳婦後，蔣經國雖極為不悅，也只得愛屋及烏，勉強認了俞大維夫婦這對親家，特別是在外孫俞祖聲一九六一年出生後，蔣經國夫婦邀約俞大維夫婦訪視新通車的中橫公路。一九七〇年，蔣孝章回國探親，蔣經國夫婦特地帶著女兒與俞大維夫婦同赴金門視察。

至於俞揚和，由於蔣孝文、蔣孝武兄弟完全不能諒解他和蔣孝章的婚姻，也從未接納他做為蔣家的一員，所以他很少回臺灣，更少見到他出現在蔣家的家庭聚會。

蔣、俞兩家雖是兒女親家，其實兩家並不親近。俞大維曾表示：「我也算是蔣家的一員，蔣家的事，我不能置身事外。」俞大維的個人傳記《俞大維傳》第三二一頁提到：「以後，蔣經國與俞大維便多各忙各的，往來的機會少之又少，頂多是俞大維常送好書給蔣經國看，蔣經國常回贈梨山特產的水果，以及金門剛捕撈上岸的鮮黃魚、鮮螃蟹給俞大維嘗鮮。」

蔣孝章與俞揚和婚後回臺探親，住在蔣經國臺北市長安東路十八號的官舍。俞揚和成為蔣經國的女婿後，沒有再出任與公共部門有關的工作，一如徐乃錦嫁入蔣家成為蔣經國的媳婦後，徐乃錦的父親徐學良雖然曾擔任過臺灣樟腦局局長，從此沒有再出任過任何公職。

俞揚和婚後，成為經商的個體戶，有一次趁著陪蔣孝章回臺探親之便，在官舍打電話聯絡客戶，探詢商機。蔣經國下班回家知道後極為生氣，告訴俞揚和，沒有任何人可以在他的家裡談生意，要俞揚和立刻搬到外面的旅館去住。至於女兒是蔣經國的掌上明珠，捨不得讓她住旅館，當然是繼續住在官舍，方便家人照顧。

記憶所及，蔣經國終其一生，無論在治國、齊家時，這個原則似乎從未改變。外傳俞大維的弟弟俞大剛曾向友人透露，俞揚和其實很後悔當初與元配離婚，娶了蔣孝章。可以想像，成為蔣經國女婿的代價是從此一生的功名、事業、前途，都無法操之在己，這應該是古今中外身為駙馬爺的共同宿命吧！

47 蔣孝文曾是蔣經國的接班人？

蔣孝文是蔣經國與蔣方良的長子，一九三五年十二月十四日，出生在莫斯科，曾隨同父母親度過在蘇俄最艱苦的一段日子，有革命感情，因此特別受到關愛。從他二十七歲拿到喬治城大學工商管理學位回國後的工作安排與磨練，不難看出蔣經國刻意栽培他的用心。

一九六二年，蔣孝文經由青輔會推薦，進入臺電任副管理師，一九六三年，轉任臺電北區管理處西郊分處主任，適逢葛樂理颱風來襲，蔣孝文負責督導搶修電路，獲得好評。

蔣介石於一九六二年巡視金門時，認為發展戰地經濟，應以擴建電力為首務，於是蔣孝文受命兼辦籌建金門電廠。一九六四年，升任臺電桃園區管理處經理。一九六六年，國防部長蔣經國赴金門視察，提示建立金門全島統一供電系統，以企業經營方式組公司，由戰地政委與臺電共組「金門電力擴建委員會」，蔣孝文代表臺電出任副主委，並於一九六七年完成金門太武發電廠。一九六八年，成立「福建金門電力公司」，蔣孝文任董事長兼總經理，完成長江、麒麟發電廠及全島輸配電工程，金門終於能夠全日供電。

一九六九年，蔣經國指示比照金門，擴建馬祖地區電力，由國防部及臺電共組「馬祖發電廠籌建委員會」，此時由三十四歲的蔣孝文擔綱出任主任委員，先後完成馬祖、東引發電廠。且因籌建金馬電力系統有功，因而獲政府頒發「雲麾勳章」（註1）。

一九七〇年，政府發展石化工業，蔣孝文自臺電調中石化公司擔任副總經理，襄助中石化董事長蔣堅忍（註2），共同策劃尼龍工廠的建廠工程。

糖尿病傷及腦神經而病倒

不料在前途一片大好之際，先天就有糖尿病的他，酒後忘記服降血糖藥，導致血糖過高，傷及腦神經而昏迷。雖經搶救復健，智商等同十餘歲孩子，自此幾乎未正式出現在公開場合。結婚才十年的年輕妻子徐乃錦為此哀痛欲絕，傳聞徐乃錦曾幾度鬧自殺尋短。其實，更失望與傷心的是身為父親的蔣經國。

▲蔣孝文最後一次在公開場合露臉。

蔣孝文病倒後，外界對他的傳言不一而足，有說他已不在人世，有說他因與某女藝人來往，染上梅毒。其實，他是因傷及腦神經與智商，無法像正常人一般自由出外行動，但家中若有訪客，他也會出來與賓客們打招呼。

我曾到陽明山中山路九十九號蔣孝文家，與他們夫妻共進晚餐，他的餐具前總會固定放置一個小酒杯，杯子內盛茶水，替代紹興酒。開始用餐前，他會禮貌舉杯客套說：「粗茶淡飯不成敬意！」如果與蔣孝文沒話找話說，提醒他「不能喝酒」時，會遭到他翻白眼。徐乃錦告訴我，再多說兩句，小心他會翻臉。

用餐中間，蔣孝文會用德語、英語發言，心血來潮時，還會蹦出一、兩句臺語，很得意地炫耀一番。用完餐離席前會對我們說：「請慢用。」然後一個人逕自離去。

晚飯後，通常我與徐乃錦會閒聊到九點左右，再開車回家，留下徐乃錦一人守住一座莊院，度過漫漫長夜。

一九八八年一月十三日，蔣經國突然病逝，國內一片兵荒馬亂。社會對當時依舊神祕的蔣家，特別是蔣經國的家庭成員了解有限，媒體報導不僅是零星片段，而且資訊往往不正確，還有媒體報導蔣孝武是蔣經國的長子。

一天，我接到徐乃錦的電話，邀我到家中有事商量。原來是女兒蔣友梅因為此一錯誤的媒體報導，十分生氣。蔣友梅問我：「我是誰？我爸爸在哪裡？」我回答：「妳不能怪媒體，爸爸已多年未在公開場合露臉，才會報導錯誤。」我建議她和母親一同陪父親到忠烈祠蔣經國的靈前去鞠躬，我會請中視主播李蕙芳邀媒體同業去拍攝報導。

那天是蔣孝文病倒後第一次，也是最後一次與太太徐乃錦、女兒蔣友梅一家三口，正式在公共場合露面。鏡頭前的蔣孝文面容憔悴，身軀清瘦，與早年英姿煥發的模樣判若兩人，看起來頗令人感傷。

蔣孝文在蔣經國過世後的隔年，可能因頓失所恃，精神大受打擊，次年四月十四日，便因喉癌病逝。他住榮總六號病房時，我曾前往探望，約近百坪偌大的病房，他躺在單人病床上，顯得孤單且瘦弱。徐乃錦叫他：「Allen，鄭佩芬來看你了。」他才翻過身來打招呼。

在死亡面前，無分貧富貴賤，所有人都是平等的，即便蔣孝文貴為第一家庭的長子和長孫，卻在五十四歲的壯年階段就面臨死神召喚。俗話說：「富不過三代。」其實，貴又何嘗能過三代。

（註1）雲髦勳章共分九等，頒贈對象為對國家建有勳績或鎮懾內亂有功績者的海、陸、空軍人員，其獲獎條件如：治軍有方、發明新兵器、維護國境安寧、冒險達成任務、破獲國際陰謀、辦理困難或危急事件甚切機宜者、服務成績特別優良者。蔣孝文受命籌建金門、馬祖戰地供電系統有功，因而獲頒雲髦勳章。

（註2）蔣堅忍出身黃埔軍校四期，曾任國防部總政治部主任、次長，一九六五年，退役後擔任省營高雄硫酸錏公司董事長，並於一九七〇年創建中石化，是十大建設中石油化學工業的推動者。

48 太子妃徐乃錦的富貴如煙雲

蔣孝文的妻子徐乃錦年輕時，外貌酷似好萊塢明星娜妲麗．華(Natalie Wood)，秀麗脫俗，加上革命先烈徐錫麟孫女的家世，當蔣經國知道在加州讀書的蔣孝文要娶徐乃錦時，對這門親事十分滿意。立即要救國團的主任祕書李煥，拎著一籃水果前往徐學良（徐錫麟的兒子、徐乃錦的父親）家提親。

一九六〇年，蔣孝文與徐乃錦的婚禮在舊金山總領事館的安排下舉行，雖然簡單卻溫馨。次年，友梅出生，為蔣家帶來說不完的喜樂。然而，王子與公主婚後，並未從此過著幸福快樂的日子，兩人短短十年的婚姻生活，即因一九七〇年九月蔣孝文病倒而結束。

有一次，徐乃錦邀魏淑娟與我在銀行家俱樂部餐敘，魏淑娟談到她與遠航董事長胡侗清之間的離婚官司遲遲沒下文，也許是她與胡侗清之間情已盡，但是緣未了；徐乃錦聽完後表示，她與蔣孝文的情況正好相反，他們二人是緣已盡，情未了，所以還

▲太子妃徐乃錦的富貴如煙雲。

願意陪在蔣孝文身邊照顧他。

徐乃錦的話雖如此，只是，從她的眉宇間總是帶著一絲憂愁，即使在大笑時，亦無法解開那層糾結，其實很令人同情，她真的很寂寞。試問，在蔣家執政的威權時代，做為第一媳婦即使離婚，想來也少有人敢高攀。

生活圈與經濟來源都受限制

丈夫長年臥病，她的生活圈與經濟來源都受到限制。蔣經國限制她只能做義務與慈善工作，部分經濟來源則靠蔣方良的支援，蔣友梅在英國的開銷又占了相當比例，手頭十分拮据。

有一回，我們同遊舊金山逛百貨公

司，大夥忙著試穿各種名牌服飾，徐乃錦身材姣好，每套服裝都很合身，最後，只見她挑了一件兩百美元的白色絲質襯衫。事後她向朋友透露，不怕大家笑話，因為她的預算只有這麼多，兩、三千美元一套的名牌時裝，不在她的預算之內，買不下手。

包括徐乃錦自己，以及她的親朋好友們，特別是她的母親，都知道蔣孝文的身體不可能恢復健康，蔣經國也不可能長命百歲永遠當總統，徐伯母的憂心全寫在臉上。

徐伯母曾對我說：「妳們是好朋友，應該勸勸她，我每次和徐乃錦提到這個問題時，她就發脾氣，無法談下去，她要為自己的後半生打算，特別是經濟上的問題。」只是這一天來得比預期早得多，蔣經國與蔣孝文父子在一九八八年一月與一九八九年四月，一年半之內相繼過世，當徐乃錦終於頓悟，開始行動時，無奈已時不我予。

蔣經國走後，天地變色，蔣家舊臣們保位尚且自顧不暇，當然顧不到蔣家子女家人；太子妃的頭銜，此時對他們而言，已失去蔣經國在世時的光環與魅力，自然也不再是眾人討好或巴結的對象了。所謂人在人情在，人不在了，人情當然也就不在了。

最現實的例子是徐乃錦告訴我，蔣經國過世後，她曾打過一通電話到官邸找李登輝，電話被管家半途攔截，根本沒有機會和李登輝通上電話。

49 蔣家的「弱勢族群」

兩蔣威權時代，外人眼中，凡是蔣氏家族成員，一定是個個享有特權，生活不虞匱乏，事實上並不盡然如此。

與中國歷朝歷代的皇室或皇親國戚家庭相同，蔣氏家族中也有主流與非主流的差別，全看家族成員中，是否有人掌權或得勢而定。若是根據這個定義，蔣家的成員中，蔣緯國與徐乃錦可以歸類為蔣家的弱勢族群。

自從蔣孝文病倒，生活起居無法像正常人後，蔣經國的家規又不許媳婦出任公職或介入公眾事務。徐乃錦雖貴為長媳，女兒友梅又極得蔣經國夫婦的疼愛，畢竟，當一切生活開銷必須全仰仗公婆時，注定就會落入弱勢一族。

一九七〇年，蔣孝文病倒後，需要長期住院復健，即等於不與兄弟往來了。一九七七年，孝武和孝勇在七海官邸因口角起衝突，孝武拿出手槍要追打孝勇，蔣孝勇嚇得奪門而逃。蔣經國知道後，指示官邸侍衛，今後武器不得借給他的家屬使用，原因是兄弟不合，恐發生意外。

孝文、孝武與孝勇三兄弟互不往來，所以，蔣友梅成長的過程是孤單的，母女相依為命，母親的朋友就是她的朋友。蔣友梅曾經慨嘆：「很羨慕一般普通的人家，有叔伯、堂兄弟姐妹，而我只有自己一個人。」

也許處於弱勢，徐乃錦常壓抑自己好強的個性，與朋友相處或交往，總是保持一定的友善與溫和的態度。她接納蔣孝嚴，國父的孫女孫穗芬來臺灣，會到她家小聚，徐乃錦偶爾會轉述孫穗芬喜歡講的一些不太雅的小笑話給朋友聽。坊間有媒體報導，蔣經國晚年，對岸曾託蔣孝武前妻汪長詩來臺灣打探蔣經國的健康狀況，汪長詩來臺時，接觸的對象就是徐乃錦。

徐乃錦告訴我，汪長詩雖然與蔣孝武分手，但是妯娌二人仍保持來往，汪長詩不需求見蔣經國，從徐乃錦處就可以了解蔣經國的近況。

蔣緯國長年受蔣經國打壓

至於有偉大的哥哥與爸爸，又長得一表人才的蔣緯國，蔣介石讚他可愛，宋美齡對他更是疼愛有加，在軍中、民間都非常受歡迎，又有極高的聲望，唯獨蔣經國看他不順眼，影響所及，蔣孝武與蔣孝勇兩兄弟對這位「二叔」亦敬而遠之。特別是在蔣經國主政後，蔣緯國擔任的職務都是表面風光，卻無實際影響力，他常自嘲，實則譏諷蔣經國：「有人沒帶過一天兵，卻能當二級上將，我這中將一當二十年。」

我曾在一個朋友家的聚會裡，見識過蔣緯國與賓客們的互動。不同於蔣經國給人陰沉、高深莫測的距離感；蔣緯國雖然長年受到蔣經國的打壓，儘管內心抑鬱，在與人相處，或出現在公開場合時，表現在外的是一位聲音清亮、言談風趣、反應敏捷、見聞廣博，極為優雅、魅力十足的蔣家二公子。

一次在軍中集會的場合，他應邀上臺致詞，他並未走階梯上臺，而是走向臺前，一手撐住臺面，翻身躍上講臺，贏得全場官兵一致叫好之聲。另一次徐乃錦的家宴中，賓客們坐定後，蔣緯國最後趕到，一踏進餐廳，爽朗的笑聲，餐桌上的氣氛立刻活絡起來。

▲與蔣緯國將軍的合照。

當魚翅端上桌，蔣緯國嘗了一口，大讚功夫火候到家，立即從口袋掏出一張千元大鈔獎勵大廚，幾位客人紛紛跟進，大廚特地到餐廳向客人鞠躬致謝。一頓飯吃下來，賓主盡歡。

雖然蔣經國曾公開表示，蔣家人不會再選總統。而蔣緯國將軍卻在一九九〇年與林洋港搭檔，挑戰李登輝與李元簇失敗，整個過程也就是大家耳熟能詳的二月政爭。

也許兩人在蔣氏家族中都是弱勢，也許品味相同，平日互有往來。兩人的好朋友們，當然可以感受到他們在現實生活中的處境，私下聚會時，常戲稱「蔣緯國與徐乃錦是蔣家的弱勢族群」。

也正因為他們居於弱勢，能夠享有的特權有限，黨外雜誌或民進黨人對他們的批評也比較少，特別是徐乃錦，所以也算對她很公道。

50 江南案斷送蔣孝武的接班機會

蔣孝武是蔣經國的第二個兒子，從小不像哥哥蔣孝文被寄以厚望，也不如弟弟蔣孝勇被寵愛，更別說被視同掌上明珠的姐姐蔣孝章。

一九六七年，由於蔣孝武從小不愛唸書，二十二歲時被送往德國慕尼黑政治學院讀書。一九六八年，蔣孝武與瑞士華裔汪長詩在美國結婚，長子友松也在同年出生。一九七〇年，蔣孝文病倒，身為次子的孝武被召回臺灣，一九七二年一月，友蘭出生。一九七四年，蔣孝武從文化大學中美關係研究所畢業，獲得法學碩士學位，逐漸取代了蔣孝文的地位。

一九七五年六月二十七日，榮電公司成立，蔣孝武出任第一任董事長。由於蔣孝武與女藝人間的緋聞不斷，汪長詩帶著年幼的子女遠走瑞士。後因海外臺獨人士威脅要綁架兩名子女，汪長詩自覺個人無力承擔責任，只得將子女友松與友蘭送回臺灣，交還給蔣孝武。

一九七六年，蔣孝武出任中央電臺主任，蔡惠媚此時結識了蔣孝武，並擔任兩名子女的家教。蔣孝武常帶著友松、友蘭到高雄拆船大戶王茲華與張雅玲夫婦家作客，蔡惠媚會隨行照料友松、友蘭。蔣孝武習慣稱張雅玲「大姐」。

在蔣經國刻意栽培下，一九七七年，蔣孝武出任廣電事業協會理事長、國民黨黨務顧問，以及國民黨新聞黨部常務委員，逐漸進入權力中心；一九七九年，蔣經國安排蔣孝武參與國家安全會議；一九八〇年，出掌黨營中廣公司總經理。一九八一年三月二十九日，國民黨在陽明山召開第十二次全國代表大會，蔣經國總統兼國民黨主席，聲望如日中天。當時，年僅三十六歲的蔣孝武因為是中廣總經理，又是國民黨黨務顧問，自然是當次大會的出席代表。

蔣孝武代表出席全會，立即成為會場上的焦點，追逐他的不是媒體，而是許多出列席同志爭相上前，或到他的座位向他問好，更有海外代表直接尊稱他為「孝武公」。部分較為資深的出席代表見狀，直說不可思議，並表示：三十六歲也能稱

▲江南著的《蔣經國傳》毀了蔣家人的接班夢。

「公」？

當中央委員候選人的提名名單發布後，蔣孝武也列名其中，自然吸引想競選中央委員的代表，希望與他掛名拉高聲勢，增加當選機會。這樣的場景，想必已有人向蔣經國報告，最後正式投票時，選票上蔣孝武的名字已被刪除，他也沒有出現在大會會場投票。

因江南案外放新加坡避禍

一九八四年發生江南案，竹聯幫分子張安樂為了自保，咬住是蔣孝武指使，蔣經國在外有美國壓力，內有黨外的挑戰下，焦頭爛額之際，只得決定將蔣孝武外放新加坡避禍。

蔣孝武雖然與蔡惠媚交往近十年，蔣經國堅持蔣家子女不得離婚，媳婦汪長詩一定會回頭。一九八六年三月，蔣孝武外放赴新加坡，蔣方良不放心兒子孤單一人在外沒人照顧，四月十一日，蔣經國同意蔣孝武與蔡惠媚結婚。當天我與徐乃錦在日月潭參加女青年會的訓練活動，晚上回到房間，徐乃錦撥了一通電話給蔣方良說：「阿媽，恭喜您，孝武結婚了，您不用再擔心孝武沒人照顧了。」

一九八八年蔣經國過世，蔣孝武次年成功安排李登輝以總統身分訪問新加坡，獲李登輝調升為中華民國駐日代表。一九九〇年二月，李登輝提名李元簇，搭檔競選中華民國第八任正、副總統，引發部分擁有投票權的老國代們不滿，決定徵召林洋港與蔣緯國搭檔，以林蔣配挑戰李李配。

面對一場即將發生的政治風暴，當時擔任駐日代表的蔣孝武，看到一邊是蔣家的長輩，一邊是父親生前提攜的接班人，覺得自己責無旁貸，必須出面阻止這場紛爭。

首先，他在三月初投票前，發表了一封〈致國民黨諸領導同志的一封信〉，批判黨內同志：「黨不黨，政不正，有選票卻無民意。」回臺後並公開表示，他的父親生前曾公開表示：「蔣家人不會再參與政治！」

此外，他還對蔣緯國撂下重話：「不會在他身上浪費任何一分鐘。」至此，叔姪二人已到公開翻臉的地步。

家中已沒有能說上話的長輩，蔣孝武與蔣緯國翻臉，政壇上全面噤聲。沒人料得到，蔣孝武在一九九一年因駐日工作不適應回臺，準備接替易勁秋出任中華電視臺董事長，卻於七月一日上任當天清晨，年僅四十六歲的他在榮總猝逝，比他的大哥蔣孝文過世時還年輕。

51 蔣孝武是怎麼死的？

一九九一年七月一日，原定走馬上任華視董事長的蔣孝武，被發現猝死在臺北榮總的六號病房病床上，院方對外宣布蔣孝武是死於急性心臟衰竭，一時謠言四起，各種傳聞不斷。據說母親蔣方良反對解剖遺體，盡量低調處理後事。蔣孝嚴則在報端發表文章，質疑蔣孝武的死因，是院方用藥不當所致，是有意？或無意？

事過境遷，曾有機會與蔣孝武的親信，也是他的左右手談到蔣孝武的死因時，他毫不猶豫直接了當地回答：「他是自殺的。」

他說：「蔣孝武有糖尿病，他會自己打針，對用藥的劑量拿捏十分精準，不可能失誤。」

「妳想想看，當初蔣孝武為了支持李登輝，全力促成李登輝訪問新加坡，不惜公開與蔣緯國翻臉。如今，看到李登輝的作為離蔣經國愈來愈遠時，他的感受和懊惱，情何以堪！」如果這種說法是事實真相，那麼蔣孝武選擇自己結束生命，也是一種解脫吧！

蔣孝武生前曾對他的親信談到比自己小七歲的蔡惠媚時，表示一旦他先蔡惠媚而去，蔡惠媚那麼年輕又愛玩，他可以接受蔡惠媚交男朋友，長住國外，但是決不能改嫁，一定要姓蔣。他與蔡惠媚戀愛交往十年，真正的婚姻生活從一九八六年至一九九一年，只有五個年頭。

蔣孝武葬在白沙灣安樂園墓園的墓地，有兩個單位：一個單位是墓穴，旁邊為蔡惠媚留了一個穴位，墓的後方種了幾株小葉楓樹，是日本友人贈送的紀念樹；另一個單位則是一個小庭園，放置了幾張石凳，可供弔唁者休息之用。整座墓園沒有姓名，只在進口拱門石板上書有「我武維揚」四個大字。

蔣孝文和蔣孝武分別在一九八九年和一九九一年過世，最情何以堪的人應是蔣方良。自一九八八年起短短三年，先生蔣經國和兩個兒子相繼離開人世，最小的兒子蔣孝勇也在一九九七年，以不到五十歲的壯年辭世。

很多人都覺得奇怪，為何蔣家第三代都不長壽？以佛家的因緣果報來看，我覺得是因為蔣氏父子在攀登權力高峰的過程中，傷害太多的人命，沾染太多的血腥。

52 肉粽和壽桃塔化解蔣經國與謝東閔的恩怨

蔣經國在行政院長時期走遍臺灣各地，陪同他的是臺灣省政府主席謝東閔，謝東閔為他介紹臺灣的山水地理、人文典故，拜訪地方人士，與農漁勞工交朋友，品嘗地方特色小吃。這一切經由媒體大量傳播後，蔣經國清廉、勤政、愛民的形象深植人心。

一九七六年雙十節，謝東閔中午回到宿舍，拆閱信件時，遭王幸男寄出的字典小郵包炸傷，左手自手肘處截肢。

一九七八年，蔣經國選擇謝東閔搭配，當選正副總統，謝東閔成為第一位臺灣人副總統，聲望也達到高峰。一九八四年任期屆滿前，謝東閔向蔣經國表示自己

▲1976年謝東閔手傷後第一次面對記者。

年歲已高，手傷後行動不便，請總統考慮其他人選。蔣經國對謝東閔說：「我們還要一起努力。」謝東閔聽到後的解讀是，蔣經國還要繼續邀他擔任副手一起努力，心情十分愉快，特地邀了幾位好友喝茶，聊經過情形。

雖然當時可能出任副手的人選傳聞不斷，謝東閔依舊信心滿滿。

▲謝東閔與我。

結果，一九八四年二月十五日國民黨臨中全會上，蔣經國從口袋掏出來宣讀的副手人選是李登輝時，全場一片靜默，五秒鐘後才爆出掌聲。謝東閔雖然自己錯誤解讀蔣經國話語的含意，心中還是老大不高興。在蔣經國為他頒動的茶會上，一直垮著臉到頒動結束。

年底，謝東閔邀幾位媒體好友去桃園縣小人國參觀，回程經過一家蔣經國最愛的肉粽攤，謝東閔邀大家下車品嘗。大家知道他與蔣之間的心結，起鬨說他該同情蔣經國不方便再出門，建議謝東閔買兩串肉粽，請隨扈送到蔣經國官邸去。

謝東閔拗不過大家，只得照做。隔年初，謝東閔又邀大家到家裡喝茶，十分愉悅地引大家到一座檜木檯前，檯上放置了兩座壽桃塔，祝賀謝東閔壽誕，下聯署名：「弟　經國敬賀」。

所謂一笑泯恩仇，兩串肉粽和兩座壽桃塔，最後終於化解蔣經國與謝東閔兩人之間的心結。

謝東閔與名模的謠傳

謝東閔副總統的夫人是廣東東莞人，與我是小同鄉，而謝副總統又是我父親在廣州中山大學時的助教，因此對我特別親切，見面交談時總會講幾句廣東話，或用廣東話開個玩笑，他任省主席和副總統時，任何時候我要求見，從未被拒絕過。

謝東閔副總統夫人過世隔年，國民黨一位長官來電，要我幫忙去向謝副總統求證一件事，就是副總統的夫人喪期已過，傳聞副總統要娶當時的名模王榕生。若是屬實，黨部當然要早早妥善籌備婚禮，大家認為由我出面，絕不會冒犯到副總統。

王榕生是當時臺灣第一代名模，也是美國唯一獲得「百萬金元模特兒」的亞裔模特兒，在一般人心目中的地位如同今天的林志玲。以她的名氣與身價，當然足以匹配副總統。於是，我銜命到副總統辦公室，閒聊了一陣後，我問他：「你認不認識一個人叫王榕生？」副總統回問我：「男的？還是女的？」聽到回答後，我發現副總統並不認識王榕生，不禁哈哈大笑。副總統問我到底是什麼事？當他聽完整件傳聞後，笑說：「人家那麼年輕，我已經那麼大年紀，幹嘛去害人？」

▲謝東閔（左二）、李煥（右二）與林澄枝（右一）。

53 司徒福空軍總司令的妖嬌夫人

▲空軍總司令司徒福夫人司徒馮美玉（中）。

蔣介石時代的軍事將領，未必個個戰功彪炳，但是多半有帶兵作戰的經歷，言行舉止與作風十分嚴謹，家眷更是低調。蔣經國主政後，延續這種用人準則，但是也出現一位與當時傳統大相逕庭的異數——時髦妖嬌的總司令夫人。她是空軍總司令司徒福的夫人，司徒馮美玉。

司徒福將軍是廣東人，出生在北京，一口標準京片子，曾是空戰英雄，一九七五年四月，出任空軍總司令，一九七七年八月，卸任後轉任華航董事長（一九七八年至一九八二年）。無論是總司令或董事長，任期都不算很長，因此有人認為他的另一半，妖嬌的司徒馮美玉的外向與美式作風，可能影響他的仕途。

司徒馮美玉曾在美軍駐臺機構工作，能講一口流利的英文，在婦女界極為活躍。家中常有小型餐會，宴請中外貴賓，包括軍方高階將領，以及美軍駐華軍事單位將領等，在臺北的社交圈內，是非常成功的宴會女主人。

有一年的聖誕節，司徒福夫婦在家中宴客，華府名人陳香梅女士也是當晚的貴賓之一，她身穿粉紅金絲長旗袍大跳熱舞，跳得有些氣喘的陳香梅告訴我她愛跳舞，因為跳舞可以幫助維持好身材。女主人司徒馮美玉當然也不遑多讓，換上道地的夏威夷草裙，表演標準的草裙舞，令全場賓客驚豔。

如今回想，在蔣經國時代，如此作風的總司令

▲空軍總司令司徒福（左二）、海軍總司令鄒堅（右一）、空軍總司令烏鉞（左一）。

▲空軍總司令司徒福夫婦家宴。

夫人是否犯了禁忌，只有司徒福將軍本人知道真相。司徒福將軍過世後，子女也已長大成家，司徒馮美玉與一名美國人牽手，長年定居美國。

54 黨報的宿命！《中央日報》停刊

一九七〇年至一九九〇年代的留學生，對《中央日報》海外版一定不會陌生。《中央日報》海外版小小的包裝紙上，有一句在當時極有氣勢的口號：「有水的地方就有中國人，有中國人的地方就有《中央日報》！」

由於《中央日報》海外版的發行網遍及全球五大洲，因此當年的留學生社群也流行一句話：「你的名字只要在《中央日報》海外版上出現三次，就會揚名全世界。」

《中央日報》海外版的內容，主要是國內報章雜誌的摘要，每天出刊，在國內版出報後印行，經過人

▲《中央日報》社慶，中立者為美國末代大使安克志。

工包裹印有地址的包裝名條後，次日凌晨趕華航頭班機，運往美國西岸投郵，寄到全球各地。

海外的訂閱戶快則三天，慢則一週，就能收到報紙。在今日網路發達的時代，聽來似乎是天方夜譚，然而在當時，《中央日報》海外版幾乎是海外留學生關心國家大事的唯一快速管道與資訊來源。無論是自行訂閱者或受贈閱者，仔細閱讀後都會小心按日期收集，相互傳閱。

一九七五年，國民黨中央與《中央日報》當時的社長楚崧秋為縮短送報時差，降低人事成本，增加與海外留學生及僑界的報導與接觸，曾計畫到美國西岸的舊金山或洛杉磯印刷與發行，因而推出《中央日報》美國印製發行案，同時邀請秦孝儀、李煥、吳俊才等人交換意見。九月二十四日，蔣經國主席批示「同意」，並由黨部撥了一百萬美元給《中央日報》，個人曾銜命赴美，依據《中央日報》航空版在美發行要略，在洛杉磯辦理登記立案手續。

海外印刷與發行計畫受挫中止

未料這項計畫遭到僑社強烈反彈，美洲地區僑報發行人，集體向國民黨中央抗議，表示《中央日報》到美國印刷與發行，是黨與僑胞爭利，海外印刷與發行計畫只得暫緩執行，最後胎死腹中，報社隨後將一百萬美元退還國民黨中央黨部。數月後，一九七六年二月十二日，《聯合報》在紐約註冊成立《世界日報》社，由資深報人馬克任赴美負責經營，《中央日報》坐失良機。

一九九六年，國民黨不堪《中央日報》長期虧損，電子網路也逐漸興起，文工會決定將海外版停刊。二〇〇六年，國民黨中央決定不再給予《中央日報》每年九千萬元的補助後，《中央日報》在馬英九主席任內確定停刊，轉為電子報。

今天，國內已少有人還記得《中央日報》曾經是當年第一大的國民黨機關報，年輕族群更不知道《中央日報》曾經存在過，更遑論《中央日報》海外版那一句曾撼動無數海外學子人心：「有水的地方就有中國人，有中國人的地方就有《中央日報》！」如此豪氣十足的口號。

二〇〇六年，當《中央日報》確定停刊後，部分同仁向外求援，希望《中央日報》能繼續發行，資深媒體工作者馬西屏找到陳立夫的媳婦林穎真；連戰則請辜嚴倬雲伸援手。辜嚴倬雲知道我曾在《中央日報》工作多年，徵詢意見，我坦率地回答：「第一，時代已經改變，威權體制隨蔣經國過世而結束，社會開放後，黨營媒體擔負為黨的政策宣導的重任，缺乏競爭力，很難有生存空間；第二，《中央日報》長年處於虧損狀態，人事包袱極重，不只是個錢坑，而且是個無底洞。」最後，辜嚴倬雲打消了念頭，回絕了已是國民黨榮譽黨主席連戰。

若干年後，辜嚴倬雲對我說：「謝謝妳當初給我的建議，否則今天就真的無法脫身了。」

55 太平洋文化基金會的角色

「太平洋文化基金會」是一九七四年由端木愷與謝明山等學者與社會賢達人士，集資發起成立。

由於中華民國政府於一九七一年十月被迫退出聯合國，以及一九七九年中美斷交的雙重外交挫敗，因此以推展太平洋地區各國民間文化學術交流，與加深各國民間相互認識與友好為宗旨，而成立的太平洋文化基金會，適時發揮在國民外交上的功能，對於處境快速陷入孤立的中華民國政府與社會而言，功不可沒。

一九七七年，獲有巴黎大學政治研究所博士學位的李鍾桂，從教育部文教處長調任太平洋文化基金會執行長。李鍾桂是政府遷臺後拔

▲太平洋文化基金會執行長李鍾桂（左）。

擢重用的第一代學術界的婦女菁英，一九六四年，她從法國學成歸國，在政大外交系任教，一九六九年，即以青年才俊之姿，當選為國民黨中央委員。

她在擔任太平洋文化基金會執行長的十年間，充分發揮她的專長。太平洋文化基金會除了原有的文化交流工作外，透過基金會的民間角色，出面安排與臺灣無正式邦交國的政界人士來臺交流互訪；以及在臺北舉辦有關政治或兩岸議題的大型國際會議，讓應邀出席的各國政要與學者，無須背負任何政治上的壓力。美國國會休會期間，受邀來臺參訪的美國國會訪華團，更是絡繹於途，成效相當可觀。

太平洋文化基金會在李鍾桂任職期間，名揚海內外，李鍾桂個人的聲望也達到高峰，盛名至今維持不墜。

一九九〇年代以後，兩岸開放，國際間交流的障礙逐漸減低，太平洋文化基金會的工作也回復到原先文化學術交流的功能與角色。

56 林毅夫叛逃，金防部地動山搖

一九七七年，我應國防部之邀，擔任三民主義巡迴講座，金門之行除了為駐地官兵講授當前的國際局勢、國家的各項建設，以及國家未來發展的前景，也有機會參觀前線的軍事設施如擎天廳、可供戰車與行軍的地道；體驗戰地的特有氛圍，特別是單打、雙不打，只打軍營、不打民房。傍晚七點準時發射一個小時的砲宣彈。

每逢單日，碉堡內輪值的兵士，會點燃一柱香插在地上，兵士們說：「當一柱香燃盡，表示砲宣彈發射結束。」這日復一日看似無聊的動作，其實也為駐守前線的守軍們，在枯燥的生活中增添一點樂趣。

當時的金防部司令官李家訓、海軍秦副司令官、陸軍

▲金防部司令官李家訓夫婦（右二、三）。

趙副司令官、空軍徐副司令官、政戰官林將軍，個個能文能武，特別是司令官李家訓，瀟灑挺拔，令人印象深刻。

軍方的傳統，能夠當上金防部司令官，調回本島後都能更上層樓，出任陸軍總司令，如蔣仲苓、黃幸強、陳鎮湘等。但是，李家訓司令官等人卻不知所終。

多年後，才知道一九七九年五月，發生了第二八四師馬山連長林毅夫叛逃事件。在前線，發生類似事件，相關的主官與政戰官都會被拖累，且牽連者眾，無一能倖免，金防部司令官李家訓、政戰部主任林榮祖在一九七九年事件後去職，三位副司令官想必也被殃及。

令人意外的是林毅夫的直屬上官、第二八四師師長周仲南，卻是唯一的例外，他不但不動如山，還官運亨通。一九八一年，他調升總統府侍衛長，一九八五年，出任憲兵司令，一九八九年，調任警備總司令，一九九二年退休，獲聘為總統府戰略顧問。

原因無他，只因為朝中有人好作官，他是郝柏村的小同鄉，江蘇省鹽城人。

57 孫立人練兵的駐地官邸

一九八一年，我在空軍總部安排下，前往全臺九個空軍基地做政治教育巡迴演講，由於屏東空軍官校是早場的演講，必須前一晚抵達屏東，當晚被安排住宿在一九四五年孫立人將軍擔任陸軍訓練司令，在鳳山訓練基地練兵時期的官邸（今屏東市中山路六十一號）。一九五三年後，孫立人才遷往臺北居住。

孫立人的官邸是一棟二層樓的日式建築，那棟日式建築雖然年代久遠，平日也任其空置，顯得陳舊。但是從它的建築架構與格局看來，非常講究，屋前有迴車道，中間矗立著一座石雕亭子，據說當年這棟屋子也曾是日本第八飛行聯隊隊長的官邸。

一九五五年，孫立人兵變事件後，官邸改為空軍招待所，隸屬屏東空軍第六聯隊，平日做為空軍宴會或空軍軍官住宿之處，所以我才有機會住宿在孫立人的官邸。歷經時代變遷，後期使用機會不再頻繁，國防部在一九九七年將其移交給屏東縣政府管理，如今已改為孫立人行館，成為屏東的觀光景點。

一九八一年的孫立人官邸，正處於逐漸式微的時期，一個人住宿在只有一張大床的二樓，寬敞空蕩，四周都是窗戶與壁掛櫃。由於是日式建築，即使是微風吹動，陳舊的窗框也會咯吱作響，加以昏黃的燈光，挺嚇人的。兩位陪同我南下的男女政戰官，則住在主建築旁的廂房。

整個晚上我不敢關燈，沒有闔眼，坐在床上捧著講稿讀到天亮。第二天到空軍官校的演講大受好評，掌聲久久不停歇，陪我離場的空軍官校校長亦訝異不已，這一切當然要感謝孫立人將軍練兵時期官邸的恐怖經驗所賜。

屏東縣里港藍家的媳婦，曾聽我在電視節目中談到在孫立人練兵時期官邸住宿的經驗，在一次見面機會中她告訴我，孫立人練兵官邸是藍家父祖輩的財產，當年捐贈給孫立人使用。

藍家是里港赫赫有名的望族，祖父藍高川曾於一九二六年日本昭和天皇登基時，與林熊徵、辜顯榮同時獲得授勳，也是當時臺灣受昭和天皇邀宴僅有的三人之一。藍高川的女兒藍敏，曾嫁給中華民國軍令部長徐永昌的兒子徐元德，後來因藍敏的哥哥藍家精涉及叛亂，成為國民黨政府的「特級戰犯」，最後與徐元德離婚收場。

58 余紀忠被迫關掉《美洲中國時報》

《中央日報》海外版曾經考慮到美國舊金山或洛杉磯印刷發行，以減輕航運費與郵資，後因遭到海外僑社強烈反彈，抗議國民黨與僑胞爭利，計畫宣告中止。

《聯合報》老闆王惕吾知悉後，立刻派馬克任前往紐約市，於一九七六年二月十二日在美國註冊，開辦《世界日報》；《中國時報》老闆余紀忠不甘示弱，一九八二年九月一日，隨即在洛杉磯與紐約同時開辦《美洲中國時報》，由趙怡、周天瑞等人負責，同樣辦得有聲有色。

一九八四年，奧運在洛杉磯舉行，《美洲中國時報》得天獨厚，新聞報導發揮得淋漓盡致，圖片處理更是極盡誇張之能事。一張中共代表撐竿跳的彩色照片，占了頭版四分之三的版面，惹火了《中央日報》董事長曹聖芬。不但在中常會上痛批，並在《中央日報》社務會議上，召集各部門主管將罪狀條例並撰成文稿，貼上曹聖芬認為是替匪宣傳的剪報圖片，呈報黨中央，同時在國民黨中常會上大加撻伐。

八十年代，蔣經國為了強化宣傳，將國內三大報的負責人：《中央日報》董事長曹聖芬、《聯合報》董事長王惕吾、《中國時報》董事長余紀忠，同時納入中常會，成為當然的中常委。

余紀忠在中常會上，受到常委們強烈批評的壓力，只得飛往洛杉磯資遣員工，一九八四年十一月十一日宣布《美洲中國時報》停刊，余紀忠本人則繼續留在美國，醫治眼疾。

事隔數月，《中國時報》主辦的瓊斯杯籃球賽開鑼，余紀忠才回到國內主持開幕典禮。我在球場遇到余董事長，上前問候他：「眼睛好一點了嗎？」他笑著回答：「年紀輕輕，講話不可以刻薄！」原來余紀忠留在美國，號稱「醫治眼疾」，不過是藉口，只是不知道眼睛也會生政治病。

59 江春男為何突然離開《中國時報》？

二〇一六年八月二日，被派任為駐新加坡大使的知名媒體人江春男在總統府宣誓就職，當天晚上卻因酒駕遇到臨檢，依公共危險罪被移送法辦，江春南只好請辭駐新加坡大使。類似這樣突然「失業」的情形，江春南在一九七〇年代也曾發生過。

一九七〇年代，江春男曾是《中國時報》負責外交新聞的大記者，有一年我回紐約探視母親，在紐約的友人張顯中、陳明英夫婦家中（陳明英的姐夫歐陽璜當時是中華民國駐芝加哥總領事），遇見到紐約採訪的江春男，在座的還有張顯中的鄰居，後來回臺大任教的任德厚教授。

江春男很開朗，在現場侃侃而談，和大夥談到他與在聯合國任職的兩位同學碰面外，並與在場的朋友們談論國內外的時局。

回國後不久，有一天他突然打電話給我，隨後到《中央日報》找我，告訴我《中國時報》要他離職。換句話說，他失業了！原因不明，猜想是他在美國見了不該見的人。我們在報社旁的快餐店吃完飯，送他離去，本想向《聯合報》試探工作機會，沒多久，他來電告知，已經在《自立晚報》找到工作了。一九八七年，江春男與王健壯、南方朔等媒體人創辦《新新聞》週刊。

對我而言，好奇的是江春男在美國期間，在哪裡見到不該見的人？而那人又是誰？至今依舊是個謎。

60 蔣經國的贛南幫鬥爭與美麗島事件

一九七〇年初，蔣介石身體健康日益衰弱，蔣經國接班態勢成形，他的贛南子弟兵們（註1）跟著水漲船高，其中以李煥、王昇二人最具影響力，李煥負責組織，王昇掌握政戰，各據一方。

但到了一九七七年十一月十九日，臺灣地區五項地方公職人員選舉，在桃園縣縣長選舉中發生「中壢事件」（註2），之後李煥辭去國民黨組工會、救國團、革命實踐研究院等三大主任要職。

國民黨組工會主任走馬換將，從趙自齊、王任遠、陳履安，最後由政戰系統出身的梁孝煌接手。一九八〇年七月，梁孝煌的女婿周應龍接替楚崧秋，出任國民黨文工會主任，翁婿二人分別掌握國民黨的組織與宣傳兩部門。

李煥暫居劣勢之後，形成王昇一人獨大的局面，他在國民黨內的影響力，除了深入軍中，也擴及到國內的文化與新聞傳播業。

一九七九年十二月十日，高雄美麗島事件後，被捕的涉嫌者中，包括黃信介、施明德、姚嘉文、張俊宏、林義雄、林弘宣、呂秀蓮、陳菊等八人，因涉嫌叛亂，以軍法起訴。為了以昭公信，國民黨決定公開審判，並開放給國內外媒體採訪。八名被告在庭上的供詞，除了國際媒體外，也允許國內媒體如實刊載在報上。

當時擔任國民黨中央文工會主任的楚崧秋，是唯一曾擔任過兩位蔣總統祕書的資深新聞人，在蔣經國青幹班子弟中，屬於作風開明一派。他決定在美麗島事件涉嫌者公開審判時，開放報導後，再由國內的法政學者逐一撰文駁斥被告的供詞，以導正視聽。

只是出乎文工會決策小組的意料，審判結束後，法政學者們竟無力有效駁斥八名被告在庭上供詞論點，社會輿論也出現一些同情被告的聲音。

楚崧秋在美麗島大審的文宣決策失誤，遭致保守勢力的強力反撲，終於在一九八〇年七月二日去職，轉任中國電視公司董事長。中國電視公司原任董事長李煥，則專任國立中山大學籌備處主任。文工會主任的遺缺，由出身政戰體系，同時也是蔣經國的祕書周應龍接任。周應龍上任後兩個月內，就決定將秦孝儀、楚崧秋徵得蔣經國同意後在香港發行並行銷美國的《中國人》月刊叫停。

在此之前的一九八〇年二月，發生了林義雄家血案，社會上充斥著風聲鶴唳的詭異氣氛，我用筆名在《中國人》月刊寫了一篇報導：〈誰是林義雄家血案的凶手？〉當時與王昇互鬥暫居劣勢的李煥，一再警告我：「千萬記住，任何人問起，絕對不可以承認是妳寫的！」想必是要我避開贛南幫內部的權力鬥爭，以免成為政治鬥爭下被殃及的池魚吧。

美麗島事件後成立「劉少康辦公室」

美麗島事件發生之後，國民黨政府為了加強對外宣傳蔣經國的開放政策，成立「劉少康辦公室」（註3），隸屬於國民黨中央黨部文工會之下。

當時的文工會主任楚崧秋指派第一室總幹事，也就是曾因採訪料羅灣戰役落水，泡在水中數日後獲救生還的媒體人嚴重則負責。嚴重則與一些派駐「劉少康辦公室」的國民黨文工會工作同仁，還在辦公室裝設了乒乓球桌，閒來無事或午休時間，大夥打乒乓球運動消遣，完全沒有發揮當初成立的初衷與功能。

楚崧秋因美麗島事件大審文宣判斷失誤離職後，「劉少康辦公室」則由國防部總政戰部主任王昇接手。王昇在「劉少康辦公室」成立基地、大陸、海外等三個研究委員會，工作重點轉為統籌整合蔣經國對兩岸問題的決策。

在挾天子以令諸侯的情況下，「劉少康辦公室」被當時政壇形容為「太上皇機構」，王昇的聲望也達到一人之下萬人之上的態勢。在「劉少康辦公室」的全盛時期，一名組長級的工作人員就可以直接打電話請行政院各部會的部長或次長到辦公室，討論問題或接受問話，幾乎沒人敢拒絕，引起蔣經國極大的疑慮。

一九八四年，蔣經國總統當選連任後，「劉少康辦公室」完成階段性任務，被迫宣告結束，走入歷史。曾因擔任「劉少康辦公室」主任而紅極一時的學者魏萼教授，也由權力高峰回歸平淡，近年來因患了輕微的帕金森氏症，回到宜蘭老家養病，不再過問世事。

（註1）蔣經國於一九三九年至一九四五年，在江西贛南實施「贛南新政」時所培養的子弟兵，以王昇、李煥為主。

（註2）「中壢事件」發生在一九七七年十一月十九日，臺灣地區五項地方公職人員合併選舉，包括臺北市議員、省議員、縣市長、縣市議員、鄉鎮縣轄市長等五項。在桃園縣長部分，由於曾是國民黨員的許信良違紀參選，使得國民黨候選人歐憲瑜的選情告急。開票當晚，有耳語許信良落選，又傳言中壢第二一三投票所下午有監察員妨礙投票的情事，導致中壢地區部分民眾情緒激憤，包圍投票所，進而攻擊警局，掀翻警車。到了晚上八點，群眾愈聚集愈多，進而潑灑汽油，放火焚燒警車及中壢分局，警察奉令不得以武力對付民眾，中壢地區宛如無政府狀態，縣長翁鈐落跑。據說，蔣經國當晚曾驅車在不遠處看到暴亂的整個過程，晚間十點左右，蔣經國派了一營的憲兵到桃園，保護國民黨桃園縣黨部及留守的國民黨社工會主任邱創煥。桃園縣長選舉結果，許信良大勝國民黨提名的歐憲瑜八萬票，負責提名與操盤的國民黨組工會主任李煥，次日立刻引咎辭職下臺，隨後一併辭去救國團主任與革實院主任等要職。

（註3）早期國民黨的附屬組織，常用人名作為代號，例如黃復興黨部，並非真有「黃復興」其人，劉少康辦公室的「劉少康」也是代號，並非真實的人物。

61 王昇失勢的經過

一九七五年至一九八三年間，王昇將軍擔任國防部總政戰部主任，由於他是蔣經國的贛南幫子弟兵中，與李煥齊名的兩大「金剛」之一，由他接替蔣經國擔任政工幹校校長，子弟兵滿天下，加上主掌有「太上皇機構」之稱的「劉少康辦公室」，王昇可謂權傾一時，引發政壇的猜疑，王昇接班的態勢似乎氣候已成。

也許是巧合，也許是有意，正當此時，《聯合報》連續兩天刊出一篇作家朱西甯撰寫的長篇文章〈將軍令〉，末段有幾句頗堪玩味的句子：「將軍為國辛勞，從站立在緩緩上升的電扶梯上將軍的背影望去，將軍的背愈來愈駝，頭也愈來愈禿，愈來愈像老總統。」此一暗指王昇可能接班的文章刊出後，海內外一片譁然。

無巧不成書，美國中情局打鐵趁熱，邀請王昇訪美，蔣經國遲未批准王昇的請假條，王昇不放棄，一再向蔣經國身邊祕書與隨扈打探消息，最後親自面見後，蔣經國勉強同意。殊不知他與美國中情局負責人的談話內容，被如實回報蔣經國。

王昇回臺後，在一九八三年五月，即卸下國防部總政戰部主任的職務，調任沒有實權的國防部聯訓部主任。這個突如其來的調職，令王昇的子弟兵們失望，且為他大感不平。子弟兵們為長官打氣與鼓勵，「三天一小宴，五天一大宴」，相信長官不久就會復出。消息很快傳到蔣經國與蔣孝武父子耳裡，四個月後，一九八三年九月，王昇很快又接獲派令，被調派為駐巴拉圭大使，一九八四年蔣經國連任後，「劉少康辦公室」也停止運作。

王昇派駐巴拉圭八年，其間經歷一九八八年一月十三日蔣經國過世、一九九一年七月一日蔣孝武猝逝，直到李登輝於一九九〇年五月二十日就任中華民國第八任總統後，一九九一年八月，王昇才卸任回國，李登輝於一九九一年十二月二十一日，聘他擔任國策顧問。

62 林洋港為何從雲端跌落凡塵？

人稱「阿港伯」的臺灣省主席林洋港，是一九八〇年代臺灣最紅的政壇巨星，他的一口臺灣國語，與酒杯盛滿的表面張力，在政壇與民間傳為佳話，紛紛仿效，電視廣告也屢見不鮮，聲望如日中天，海內外一致看好林洋港將來一定是一九八〇年至一九九〇年代，蔣經國之後最有機會登上大位的接班人選。

一九八四年，蔣經國總統尋求連任，放棄考慮年長又手傷的謝東閔，千挑萬選，李登輝雀屏中選，普遍被看好的林洋港成為最大的遺珠，沒人能猜透個中的原因。

周遭幕僚行事高調，操之過急

當真相慢慢浮現，林洋港的巨星光環，沒能成為更上層樓的助力，反而因功高震主，引發猜疑，而且他與周遭的幕僚們，一切操之過急，行事高調犯了大忌。

首先，他將貼身隨扈與官邸安全警衛，換成臺灣省警務系統的警官隊，原本的隨扈和警衛是來自國安系統，負責保護並監視他，換成臺灣省警官隊之後，隨扈和警衛是他的部屬，只能保護他，無法監視他。

其次，林洋港收到雷根總統一九八一年一月二十日就職大典的邀請函，希望能成行，增廣國際歷練與視野，但是並未獲得蔣經國的批准，林洋港心情當然不好。當晚，自己抱著一大罈埔里出產的紹興酒，與省府及省議會同仁聚餐，號稱海量的阿港伯受到情緒的影響，竟然醉倒。

此外，他在行政院會上，與行政院長孫運璿對二重疏洪道的意見相左，發生爭執，據說孫運璿在院會現場丟回他的公文，令林洋港十分難堪。至於訪日時，受到日本政界給予總統級的高規格接待，因而招忌，對已經不滿林洋港的國安系統而言，當然更是罪加一等。

這一連串的事件，都是官場上的大忌。當時已掌控情治系統的蔣孝武在林洋港換隨扈時，曾丟出一句：「他想幹什麼？」已說明了一切。

一九八一年十一月二十五日，林洋港調離臺灣省政府，轉任內政部長；一九八四年六月一日，林洋港被發表出任行政院副院長；一九八七年四月十七日，再被調任司法院長。表面上看起來，似乎官位愈做愈大，其實他接班的機會已愈來愈小。特別是一九八四年二月十五日，蔣經國在國民黨臨全會中提名李登輝做為副總統搭檔後，緊接著一九八八年一月十三日蔣經國在任內病逝，李登輝順利接班。

一九九〇年二月，林洋港與蔣緯國組成林蔣配，挑戰李登輝與李元簇的搭檔被勸退；一九九六年，與郝柏村聯手參選又以失敗收場。幾番轟轟烈烈地競逐，林洋港終究沒能實現他的總統夢。

63 宋美齡與蔣經國的鬥爭落幕

一路走來，宋美齡與蔣經國出現在公開場合，都可以見到蔣經國對繼母宋美齡的態度是執禮甚恭，相敬如賓。其實，宋美齡與蔣經國之間的鬥爭，應該從一九二七年十二月一日，蔣介石與宋美齡在上海大華飯店結婚就已開始。

蔣經國在蘇俄時，曾因生母毛福梅被蔣介石遺棄，寫信批判父親，造成父子反目。一九三七年，蔣經國回到中國，發現宋美齡及她的家人對蔣介石的影響力，宋美齡的兄長宋子文、姐夫孔祥熙，幾乎包辦國民政府的行政院長、財政部長、外交部長、央行總裁等要職，掌握中國的時政、外匯、經濟、稅賦等大權。

權貴家族子弟孔祥熙之子孔令侃、杜月笙之子杜維屏與萬墨林的楊子公司，購持黃金白銀操縱外匯，投機商人屯貨居奇，導致貨幣貶值、通貨膨脹、物價飛漲、民不聊生。

一九四七年底國共內戰後期，國民黨節節失利。一九四八年八月十九日，蔣介石派經濟督導員蔣經國到上海，蔣經國挾太子之尊，頒布「財政經濟緊急處分令」與「金圓券發行法」，即日起凍結物價，號稱「只打老虎，不拍蒼蠅」。

打到並收押孔令侃、杜維屏與萬墨林時，孔令侃發急電到南京向姨媽宋美齡求救。楊子案在蔣介石過問及宋子文、孔祥熙、宋美齡反對下，無法嚴辦，待宋美齡飛到上海後，幾位權貴子弟當即被釋放。

蔣經國惹出麻煩，隨即辭職。一九四八年十一月一日，全面撤銷物價管制，金圓券使用十個月後停止流通，貶值兩萬倍。十二個月後國民黨兵敗如山倒，倉皇撤出大陸。

到臺灣後，孔、宋家族雖然沒有再介入政治，但是宋美齡的影響力並未稍減。蔣經國在地位逐漸穩固後，開始先後以軍事政變與叛國罪名清除宋子文的親信，也就是曾任職直屬宋子文稅警總團的留美派軍事將領孫立

▲1974年11月27日，宋美齡與蔣經國的鬥爭落幕。

人，以及鬥倒宋美齡與宋子文的愛將，那位蔣經國在上海打老虎時擔任上海市長的吳國禎。

但是，不可否認，蔣介石在一九七〇年代初期健康狀況開始走下坡前，宋美齡依舊直接或間接掌握軍事、外交界的人事。各軍種的負責人，必定由出身官邸的侍衛長擔任，如胡炘、郝柏村、孔令晟、鄒堅；外交界人事更是由宋美齡欽點，如外交界大老「三沈」：沈錡、沈昌煥、沈劍虹，便是典型的夫人派；此外，透過婦聯會的官夫人們，影響力更擴及政府官員。

國民黨婦女工作會的負責人，甚至工作人員，當然是曾追隨過宋美齡推動婦女運動的婦女，直到李登輝總統的初期，都不願插手國民黨婦工會的人事。

一九七四年五中全會，宋美齡步出國民黨權力中心

一九七二年六月一日，蔣經國出任行政院長，一九七四年十一月二十七日，國民黨在陽明山中山樓舉行第十屆五中全會，國民黨頒贈象徵最高榮譽的中山獎章給蔣總裁夫人宋美齡，二十九日晚，宋美齡以晚宴款待全體出列席同志。宋美齡在席間，向全體出列席全會的同志舉杯，轉達蔣介石總裁問候之意。晚宴接近尾聲，宋美齡由行

政院長蔣經國陪同，在全場起立鼓掌聲中步出會場，在此同時，也等於將宋美齡送出了國民黨的權力中心，傳聞一時的宋、蔣權力鬥爭就此落幕。

一九七五年四月五日，蔣介石總統逝世，一九七六年十一月十二日，國民黨第十一屆全會，蔣經國出任黨主席，一九七八年，嚴家淦總統推薦蔣經國主席為國民黨總統候選人，經由國民大會選舉通過，五月二十日，就任為中華民國第六任總統。

蔣經國在六年間快速完成了接班工作，他的贛南子弟兵也各就各位，看似全面掌握政局，國家在蔣經國領導下，將走向一條開明的路線。其實，真正來自內外的挑戰才剛開始，內部有官邸派的舊臣與夫人派的人馬大動作反撲；外部則面臨逐漸茁壯的黨外運動強烈的挑戰。

其中之一是一九七七年九月，《中央日報》因報導諾貝爾獎得主丁肇中博士訪問中國大陸，引發保守人士的不滿情緒，包圍並以石塊攻擊丁肇中博士的父親在臺大教授宿舍的住家，屬於太子蔣經國派的楚崧秋被迫辭職，夫人宋美齡派的曹聖芬董事長（蔣介石總統的祕書）回鍋兼任社長。楚崧秋引進報社的同仁遭到池魚之殃，紛紛被打壓。

有一天，我到救國團主任辦公室去看宋時選主任，他告訴我說：「妳回去告訴妳

▲朝秦暮楚現代版主角楚崧秋（右）。

的社長（當時我在《中央日報》任職），要他放心，他很快就會復出任職，因為他沒有貪汙，觸犯蔣經國的大忌諱，任何人犯下貪贓枉法，就永無翻身之日。」果然楚崧秋在一九七八年底復出，擔任中央黨部文工會主任。

其二則是一九七七年底因桃園縣選舉，發生在中壢的暴動事件，導致中央組工會主任李煥下臺，蔣經國的贛南幫子弟兵王昇將軍一人獨大。

可見蔣經國的總統位子其實尚未坐穩，除了面對國內外情勢的諸多挑戰，內耗又傷神的是暗潮洶湧的夫人派勢力反撲，以及贛南子弟兵的互鬥。他的健康狀況一直不佳，且遠不如父親蔣介石長壽，和這些因素應該都有關係。

朝秦暮楚的現代版

一九七八年底，《聯合報》總編輯張作錦，深夜打電話來向我求證兼告知，蔣經國將在第二天週三的國民黨中常會上，發表秦孝儀為國民黨文工會主任；第二天《聯合報》的頭版頭條，也做了如是報導。

殊不知，天威難測，週三下午舉行的中常會上，蔣經國從口袋拿出來宣布的名單上，新任文工會主任已經從秦孝儀換成楚崧秋。二人的姓氏又恰巧是「秦」與「楚」，這則新聞在政壇與新聞界，一時傳為笑談，被戲稱為現代版朝秦暮楚的故事。

64 中山樓上演的山中傳奇

一九四九年中華民國政府播遷來臺，中國國民黨在一九六三年完成黨員登記，國民黨一黨獨大，號稱有百萬黨員，若以當年隨政府來臺的二百萬軍民人數為基本，擁有百萬黨員是再正常不過的事。

一九七〇年至一九八〇年代，國民黨召開全體黨員代表大會時，各行各業選出的黨代表人數接近兩千人，加上媒體大陣仗上山採訪，如此超大型且一連舉行三、四天的會議，如果要順利進行，大會期間的服務工作以及項目，設想必須極為周詳。換言之，會議期間，陽明山中山樓會場提供給與會代表最基本的生活機能，可謂一應俱全。

會議期間，為了方便來自四面八方的海內外出列席人員，往來於當時還是管制的陽明山中山樓，從市區到陽明山中山樓之間，國民黨黨部會安排大巴士在幾處定點，提供與會者上下車。會議期間，由於所有的黨、政、軍重量級國民黨從政同志，以及

▲中山樓曾是國民黨權力運作中心。

各行業的負責人，都必須到山上開會，當年民間的私家車輛並不普遍，少了黑頭的官家車輛在市區馳騁，臺北市的街頭頓時顯得冷清許多，交通自然順暢不少。

除了交通與餐飲，譬如大會在會場設置了郵局、醫護站；午餐後，年長的資深國代、立委以及中央評議委員，可以到附近的白雲山莊午休；至於年輕代表們，大會則安排有電影欣賞，提供多部流行的國片放映。

最忙碌的時刻，當然是中央委員候選人名單公布後，候選人忙著串聯、跑飯局，與有票源的重量級人士結盟、配票；未被提名卻要參選者，則忙著找人幫忙聯署，大會服務臺還得提供紙張、影印等服務。

中央委員選舉的投開票是全會的高潮，也將接近尾聲，雖然人人關心，只是留守現場的除了年輕候選人，多數是年長候選人的幕僚人員，開票結果與排名象徵在黨內的分量與聲望，會立即回報主管。對年輕候選人而言，能否當選最重要，因為只有當選，才是未來能否進入權力中心的關鍵。

蔣經國倡梅花餐，宋美齡請牛排餐

一九七二年，蔣經國出任行政院長，倡導簡樸，一九七四年十一月二十一日，國民黨在中山樓召開第十屆五中全會，大會供應的早、午餐，講求的是儉約風。早餐有稀飯、饅頭、肉鬆、花生、醬菜；午餐則是梅花餐，五菜一湯，配白飯、饅頭。

當天，蔣介石總裁夫人宋美齡獲頒中山獎章，晚上由她代表總裁設宴款待與會全體出列席同志。總裁夫人的晚宴當然不是梅花餐，而是由圓山大飯店提供的西餐，主菜是牛排。

十一月下旬的陽明山上，年長的代表不耐山上的低溫，用餐時手抖，加上不習慣使用刀叉，當已經微溫的牛排端上桌，上千人同時操作刀叉時，全場只聽見刀叉碰撞發出的金屬撞擊聲，現場有如兵戎相爭的競技場，只見蔣夫人坐在臺上，眉頭緊蹙，只淺嚐了一小塊已替她切開的牛排，隨即起身舉杯，代表總裁祝福全體同志，向大家致意後，由蔣經國攙扶陪同下離去。

顯然，對國人而言，蔣經國的梅花餐比起用刀叉吃牛排，不只輕鬆，可能也較合口味吧。

台塑王永慶曾列席國民黨十一全會

一九七六年十一月十二日，國民黨在陽明山中山樓舉行第十一屆全國代表大會，當時在政府大力培植下，自一九五四年從事塑化工業，至一九七六年已形成氣候的王永慶（擁有台塑、南亞、台化，並成立長庚醫院，且開始展開海外投資），也是國民黨第十一屆全會的列席代表。

開幕當天，王永慶也行禮如儀，一大早就坐在列席代表席上開會，不過也許因為工作太過勞累，或覺得議程枯燥乏味，只見他一直低著頭打盹。很明顯地，在黨、政、軍等各界大員齊集的全會上，當時王永慶雖已是企業界的一號人物，但因蔣經國厭惡政府官員和商界人

▲中山樓國民黨全會現場。

士往來，所以他的來去與舉止並沒有引起大家的注意。開幕當天上午的會議結束後，餘下幾天的會場上，便沒有再見到王永慶的蹤影。

後來被封為臺灣「經營之神」的王永慶，已可直接和總統對話。他在李登輝、陳水扁擔任總統時期，因李登輝的「戒急用忍」政策而和總統撕破臉，在陳水扁總統時期，為兩岸三通問題數度上萬言書對政府施壓。一九八九年，他為了到大陸投資，密訪大陸，專機由香港直飛北京釣魚臺賓館，由當時領導人鄧小平親自接見。對比一九七六年在全國黨代表大會上無足輕重，後來王永慶在任何政治場合都洞見觀瞻，已不可同日而語。

十二全會電腦開票大當機

一九八一年三月二十九日，國民黨在陽明山中山樓召開第十二屆全國代表大會，會中並舉行中央委員選舉。為了落實黨務革新，所以決定當屆的中央委員選舉不再用人工計票，全面改用電腦，以示公平、公正、公開。數十臺電腦一排排放置在開票大會議室的桌上，很有氣勢。

當天傍晚，當電腦進行開票時，受到全場矚目，黨務工作人員、熱心的黨代表都留在現場看開票結果。電腦開票速度果然不同凡響，電腦螢幕上，只見被下放到高雄中山大學已遠離黨中央的李煥，得票數一路領先，不到十分鐘，電腦全部當機，畫面一片漆黑。

選務工作人員只得乖乖改回人工計票，開票結果，得票前十名排名與黨部提名的排名（括弧內）如下：

一、嚴家淦（〇〇一）
二、孫運璿（〇〇三）
三、谷正綱（〇〇四）
四、黃少谷（〇〇五）
五、謝東閔（〇〇二）
六、蔣彥士（〇一三）
七、李國鼎（〇一五）
八、馬紀壯（〇〇九）
九、李煥（〇四三）
十、宋時選（〇四七）

黨部提名排序與實際得票的落差很大，黨部提名第四十三的李煥，最後得票數是第九，黨部提名第四十七的宋時選，得票數排名是第十。

一九八八年七月七日，國民黨在蔣經國過世後六個月，舉行第十三屆全代會，正式通過李登輝總統兼任國民黨主席。從中山樓上海內外出列席代表的熱烈參與、踴躍發言的空前盛況，可以感受到國民黨一個嶄新且全盛的時代正式揭開序幕。

許多資深的黨務主管，受到青年與海外代表的聯手嗆聲，在中央委員選舉中落敗，黯然退職，其中最受矚目的，首推追隨蔣夫人宋美齡從事婦女工作近四十年，從一九五二年擔任中央婦工會主任，長達三十六年的錢劍秋。

一九八八年，國民黨的第十三屆全代會，錢劍秋已是八十四歲高齡，行動不便，必須由兩位助理左右攙扶進入會場。中央委

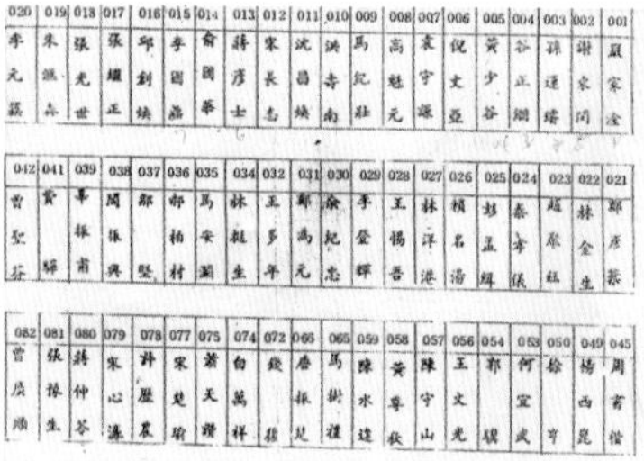

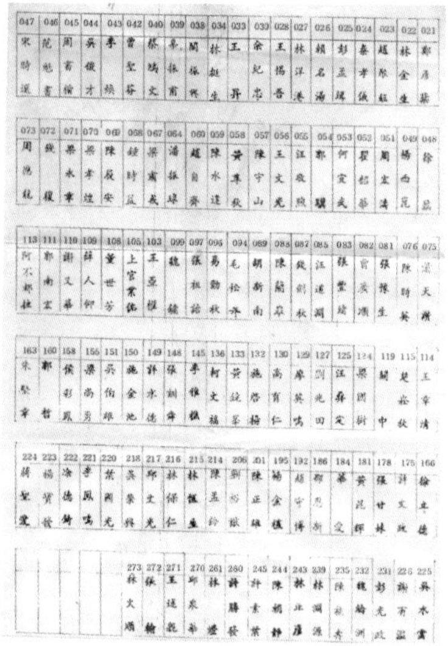

▲國民黨十二屆全會中央委員選舉配票單（從001號開始）。

員選舉結果，錢劍秋名落孫山。全會結束後，中央婦工會主任由當時氣勢最盛的李鍾桂接替，當時黨內傳言，李鍾桂是宋美齡欽點的人選。

一九九三年，李鍾桂辭去國民黨婦工會主任，在後續的中常委選舉時，李鍾桂並不在黨部的規劃中，她卻躍躍欲試，對參選中常委表示了高度的企圖心，黨中央以副祕書長的職位做為交換條件勸退她，她依然決定參選，且贏得漂亮。由於她的當選因而擠掉一位黨規劃的人選，導致祕書長許水德與組工會主任吳挽瀾極度不悅。

李鍾桂從此與國民黨中央漸漸疏離，每逢星期三的中常會，總會安排她到各地訪問或演講，盡量不讓她參與黨中央的會議。一九九五年，她辭去國民黨的副祕書長，專任第六任救國團主任；二〇〇五年，救國團轉型，她續任轉型後的救國團召集人；二〇一一年卸任時，她在救國團服務長達二十四年，目前仍然是救國團的團務指導委員。

65 陳水扁參選臺南縣長中毒記

二〇〇四年總統大選，三月十九日投票前一天，阿扁與呂秀蓮同車遊行造勢，在臺南市金華路上發生槍擊案，翻轉了當年的總統選舉結果。槍擊案迄今，信者恆信，不信者恆不信。

槍擊案發生當時，我坐在電視機前全程觀看，接到一位臺南籍民代的電話，問我的看法。我反問他：「你忘了陳水扁在臺南縣選縣長時的中毒事件嗎？發生這種事，我不覺得意外。」因為我是目前號稱「資深媒體人」中，幾乎是唯一在現場親眼目睹事件經過的媒體人。

一九八五年，陳水扁代表黨外參選臺南縣長，與國民黨籍的李雅樵、胡雅雄三強鼎立，選情緊繃。當時我被中央黨部從《中央日報》借調到臺南縣，替為尋求連任省議長的高育仁輔選。

選前最後階段舉辦的縣長候選人政見發表會，在一所國小禮堂舉行，高育仁的助選員約我一同去聽政見，我們才抵達學校附近時，已是人聲鼎沸，禮堂已擠爆。我們繞到禮堂前方牆壁外的窗邊，只要站上窗臺，透過玻璃窗，政見臺上的言行舉止皆可一覽無遺。

在好奇心驅使下，我不經思索便爬上窗臺，只見陳水扁躺在擔架上，吊著點滴被抬上講臺，他手拿麥克風，躺臥擔架上發言。

他用閩南語發言說：「今天早上，國民黨在我喝的飲料裡，放了漏屎藥（瀉藥），就是要害我無法來發表政見。」當他的政見發言結束，被抬出場外，他便下了擔架，起身自行快步離去。

這就是陳水扁的選戰招數，萬變不離其宗。如今事隔二十年，只是手法愈加精進而已。

66 國民黨《中國人》月刊的故事

一九七八年底，楚崧秋出任國民黨中央文工會主任，為了配合新任總統蔣經國的開明路線，落實遏止臺獨與強化反共國策，楚崧秋獲得蔣經國的首肯，由文工會出面辦一份學術性月刊，名為《中國人》。

受邀參與撰稿的學者專家，包含了臺大、政大的法政學者以及匪情專家。實際負責編輯工作的除了我，還有臺大歷史系逯耀東教授、朱文琳少將、朱一冰先生等。撰稿的尺度很寬，蔣經國承諾只要不用「老蔣」、「小蔣」稱呼他們父子，不提幾名背叛他的親信，其他都不是大問題。

《中國人》每期出刊後，航運至香港、美國洛杉磯的書報社，代為鋪點發售。香港據點由逯耀東親自赴港接洽，洛杉磯的據點則是委請好友孫英善安排。孫英善並負責到機場領取雜誌與收帳，售得的書款則與書報社對分後，繳交文工會，好友孫英善純屬義務性幫忙，出錢出力。

逯耀東說他們夫妻二人沒孩子，《中國人》等於就是他的孩子。他也向教授同仁們吹噓，國民黨辦的刊物中，《中國人》是第一本可以上架賣錢的刊物。一九七八年底，魏京生在中國發起「北京之春」運動，最後被捕受審，罪狀之一是擁有十二本《中國人》月刊。

一九八〇年七月，楚崧秋受美麗島大審新聞處理波及，辭卸文工會主任，由蔣經國祕書周應龍接任，《中國人》月刊維持了兩年後停刊，也算是應了那句「人亡政息」吧！

遺憾的是，對一些在海外義務幫忙的朋友，別說頒一張感謝狀答謝，國民黨連隻字片語都不曾表示過。這就是國民黨對待支持者的態度，也是國民黨人的特質：冷酷、無情。最後，親信、故舊、忠貞同志當然都會棄之而去。

67 蔣經國使力，李煥獲蔣介石賞識

李煥是蔣經國的贛南幫子弟中與王昇齊名的要角，對蔣介石而言是陌生的，經過蔣經國不著痕跡地拉一把，終於能夠在蔣介石主導下成立的救國團擔當大任。

雖然說蔣經國拉了李煥一把，其實也是一種機緣。在一九六〇年代初期，社會風氣未開，救國團的暑期活動是年輕學子最嚮往的活動。

一年夏天，蔣介石到梨山賓館小住，見到救國團暑期戰鬥營健行隊的學生，儀容整齊，動作規律走過，打電話問蔣經國有關救國團的活動，蔣經國立刻指示李煥上山，向蔣介石報告救國團暑期青年活動的相關事務。蔣介石聽完報告後，對李煥的口才、態度頗為好感。同時得到兩蔣的賞識與肯定，李煥能在兩蔣時代紅極一時，也就不足為怪了。

一九五〇年代開始，李煥擔任的職務，無論是救國團、臺灣省黨部、中央黨部、革命實踐研究院，都與當時國民黨人才的拔擢、訓練甚至任用有關，可謂權傾一時。

換言之，凡是海內外有志仕途或參選的人士，只要被李煥相中，或者輾轉經由各種管道，有機會認識李煥、被李煥賞識者，幾乎就等於政治前景一片光明，飛黃騰達指日可待。當時，甚至有人獲得一張李煥的名片後，還近乎炫耀地壓在自己辦公桌面的玻璃板下，據說可以趨吉避凶。

國民黨在一九六〇年代為了全面落實地方自治，實施本土化政策，大量起用本土菁英參與地方公職選舉，以及一九七〇年代，提拔臺籍青年才俊進入中央政府任職，受到李煥推薦者，從李登輝以降，不乏其人。

蔣經國接任行政院長後，推動十大建設需才孔急，除了每年夏天舉辦「國家建設研究會」，吸引世界各地的海外學人回國參與國家建設外，李煥更進一步在他主持的陽明山革命實踐研究院開辦「國家建設研究班」，每期二十八個名額，被形容為二十八星宿。

「國家建設研究班」等同部會首長養成班，與蔣孝武同期受訓的學員林清江，還沒結訓，已派任新職，風光走馬上任。如果不是蔣孝武在一九九一年七月一日猝逝，無論他未來在政壇扮演任何角色，他的團隊已然成形。

李煥雖然權傾一時，但是，由於個性過於小心謹慎與保守，譬如說，儘管已經集三大主任於一身，他的座車是裕隆二千ＣＣ的國產轎車，而總政戰部主任王昇的座車則是進口的凱迪拉克。此外，他確實拔擢過許多政界人士，但是這些人士到達仕途最終高位的最後一步，並非經由李煥提攜。

在關鍵時刻，現實的政客感謝的自然另有其人，而不是李煥。

▲林清江（左二）是蔣孝武「國家建設研究班」的同學。

68 李煥失勢的日子門前冷落

▲蔣緯國（右）協助李煥進行中山大學建校工程。

一九七七年十一月十九日，臺灣地區五項地方公職人員合併選舉，發生了「中壢事件」，時任國民黨中央黨部組工會主任李煥，是負責提名與選舉的操盤手。

事件發生後，李煥倉皇辭去組工會主任、救國團主任、革實院主任，以示負責。蔣經國考慮到他需要一份收入維持生活，讓他暫時保留陽明山革實院主任一職。一九七八年底才離開了陽明山革實院，轉任中視董事長。一九七九年，受命赴高雄籌備中山大學在臺建校。

一九八〇年，李煥到素有文化沙漠之稱，又在剛發生過美麗島事件的高雄，擔任中山大學籌備處主任，籌建工程十分艱鉅且狀況不斷，李煥可謂吃足了苦頭。

籌建中山大學的艱辛歷程

中山大學的預定地在西子灣風景區及一旁的坡地，當我們前往勘察時，只見山坡地一片荒蕪，雜草叢生，後山動物園不時傳出動物嘶吼的叫聲。在那裡辦大學，別說蓋校舍施工困難、師資聘請不易外，是否能招收到好學生也有問題。

教育部次長李模冷眼旁觀，告訴李煥，別指望能聘到知名教授，就請研究生幫忙上課吧！臺南的成功大學校長夏漢民也不願就近伸援手，加上廣東中山大學校友在國安會副祕書長黎世芳出面下，集體反對由非中山大學校友的李煥主其事，最後還發生了其中一位老校友跳碧潭自盡以示抗議，更是雪上加霜。

李煥連夜趕回臺北向蔣經國報告，蔣經國說：如果遇到自殺抗議就退讓，以後沒有任何一件政策可以推動落實。命李煥立刻回高雄，繼續進行建校工作。

最後，中山大學籌設工作能順利完成，正式參與聯招，期間給予最大助力的人士包括：高雄市長王玉雲、聯勤總司令蔣緯國，以及捐助鉅額獎學金的東南水泥董事長陳江章，高雄拆船大亨王茲華、國泰集團創辦人蔡萬霖等，希望能以四年全額獎學金，吸收到以中山大學為第一志願的優秀學子來報考。

開學前一天，蔣經國特地到籌備處聽取簡報，並接見李煥校長與籌備處的主要工作同仁，以行動力挺李煥。今日中山大學的學術成就與地位，也算是不負當年為建校耗費心力、伸出援手、出錢出力的各界人士。從一九七七年底到一九八四年，復出擔任教育部長前的七年間，可以說是李煥仕途上最黯淡的日子。雖然高雄人對他展現相當的熱情，偶爾也有各縣市的地方政治人物造訪，王玉雲市長會三不五時前往關切外，平常的日子，獨自住在高雄港務局陳舊的招待所，只有籌備處主任祕書程抱南與祕書李秋甫陪同。

李秋甫住進招待所的第二天清晨五點，還被準備出港大船的鳴笛聲驚嚇，跌落床下，成為笑談。由於港務局招待所設備老舊，燈光微弱，一九八二年，據當時已升任高雄市長的許水德說，有一晚李煥在招待所絆倒，半張臉浮腫，躺在床上休息，許水德去探望了幾次，形容李煥的臉腫得像雞蛋一般，許水德還特別陪李煥去吃牛肉麵。

一九八三年李煥生日，他在臺北的聯絡處見客，當天只見中廣總經理蔣孝武親自登門表示：「今天是李先生的生日，我來向他道賀！」另外，有二、三位曾受李煥關

▲中山大學籌備處全體工作人員。

照過的政壇人士送上盆景。用「門前冷落車馬稀」來形容當時的情景，應該十分貼切。

一九八四年五月二十日，蔣經國連任就職後，李煥被任命出任教育部長，那年的生日，賀壽的花籃與盆景從客廳、庭院排到住家大門口，人情冷暖，正是官場生態。

69 趙聚鈺靈柩抵臺，蔣經國迎靈

趙聚鈺是兩蔣重臣之一，兩家有通家之好，蔣經國與趙聚鈺夫人的特殊關係，傳聞雖然很多，可是無從證實。有說她陪同小時候的蔣孝文坐在馬桶上，為蔣孝文讀故事書；另有一說是她替蔣方良回信給蔣友梅；當徐乃錦在女青年會理事長任內推動各類工作時，趙聚鈺的長子趙沛明都會助一臂之力。

趙聚鈺夫人晚年的住宅，坐落在忠孝東路五段退輔會大樓後方的一棟平房。因為蔣經國晚年行動不便，只選擇到蔣孝文在陽明山的家，以及趙聚鈺夫人的住處走動，所以趙聚鈺夫人住宅上方罩上一張電網，以策安全。

趙聚鈺畢業於復旦大學，主修工商管理，一九四九年隨政府遷臺後，被派往中央信託局人壽處擔任經理。有鑑於國民黨政府在大陸兵敗，除了學生運動之外，另一個重要因素是抗戰勝利後，數以百萬計的軍人解甲還鄉，生活無著，最後投向解放軍，一時之間大大助長共軍的聲勢。當時社會上流傳的一首順口溜：「此處不留爺，自有留爺處；處處不留爺，爺去做八路。」（第八路軍是當時共軍的番號，八路對國民政府而言是極敏感的禁忌，所以臺灣的公車路線獨缺八路）充分表達下崗兵員的心情與無奈。

蔣氏父子記取教訓，來臺後除了針對青年學生成立救國團，追隨政府到臺灣近三百萬軍公教生活的安定成為施政重點。於是趙聚鈺奉蔣介石父子之命，由中信局籌辦軍人保險，受惠官兵高達數十萬人；並辦理公務人員保險與團體健康保險，使全國公教人員生活得以安定。

一九五六年，趙聚鈺被調往退輔會擔任祕書長，一九五九年，升任副主委，一九六四年更上層樓，擔任退輔會主任委員，直到過世。擔任退輔會主任委員期間，趙聚鈺推動對榮民、榮眷之就業、就學、就醫、就養、服務照顧，近百萬榮民獲得照顧。退輔會下設立的榮工處，更擔負了國民外交的工作，遠赴海外協助友邦築路造橋，功不可沒。

現今的退輔會下設十六所榮民之家、十九處榮民服務處、十五家榮民醫院（三所總院，十二所分院），另外還有五處農場。因此坊間有人戲稱，退輔會除了不能生孩子外，幾乎是無所不能。

一九八一年，趙聚鈺因病赴美就醫，不幸病逝美國，蔣經國的感傷不言可喻。當趙聚鈺的靈柩運抵松山軍用機場時，蔣經國以總統之尊，當晚曾親往機場迎靈，於公於私，都稱得上重情重義了。

70 高雄拆船業聞人王茲華與張雅玲

雖然說高雄距離臺北全長僅三八五公里，臺北到高雄開車也不過四小時的車程，坐高鐵不需要兩小時，搭飛機約五十分鐘。但是，高雄畢竟不是天子腳下，高雄的風土民情與臺北相較，真的是南轅北轍。人與人之間相處自有一套人生哲學，在他們的社會裡，為人講究的是豪氣、海派、熱情、坦率。

王茲華與張雅玲夫婦就是高雄的典型代表人物。一九七〇年至一九九〇年代的二十年間，是高雄拆船業的全盛時期，王家靠著拆船累積億萬家財，夫婦二人為人慷慨，熱心公益，交遊廣闊。

一九七九年中美斷交，蔣經國號召全民團結支持政府，並發起「獻機報國」運動，王茲華夫婦當下率先捐出三千萬元響應。當年臺北市光復北路、南京東路三十坪的房子，約值一百萬元，可見他們夫婦的捐款手筆之大，隨後跟進的王永慶、辜振甫等知名大企業家，捐款的數額，無人能出其右。

▲與李登輝聊天的貴婦張雅玲（中）與徐乃錦（右）。

從蔣經國到李登輝時代，凡是路經高雄或前往高雄處理公事的國民黨黨政高官，甚至皇親國戚，都是他們夫婦的貴賓。李登輝總統見到張雅玲女士，也會主動打招呼，並稱她一聲「王夫人」。

一九八九年，已登上總統大位的李登輝總統及夫人，應邀出席女青年會在國家音樂廳舉辦的男高音多明哥(Plácido Domingo)的演唱會。中場休息時間，坐在貴賓包廂的貴賓們，包括李登輝總統夫婦、蔣緯國將軍、辜振甫夫人、徐乃錦等人，依例會暫時退席，轉往會場後方的貴賓休息室，喝口水，舒展身心。只不過還不到三分鐘，李總統便獨自回到會場，坐在貴賓席第一排座位上，雙手放在圍欄上，托著下巴，與坐在圍欄前座的一位貴婦聊天，直到中場休息時間結束。

在場的賓客們目擊到當時情況，紛紛打探與總統聊天的貴婦是誰。事隔多年，徵得當事人的同意，我特別在此將答案揭曉，那位貴婦就是張雅玲女士。

皇親國戚都是他們家的貴賓

蔣彥士祕書長早年陪同外賓到高雄，曾借用王家的賓士六〇〇轎車；蔣孝武攜同蔡惠媚與兩名子女到高雄，王氏夫婦會盡地主之誼，蔣孝武視他們如「大哥、大姐」；蔣經國最鍾愛的孫女蔣友梅，曾與他們的兒子二毛交往，徐乃錦也很鍾意二毛，無奈小倆口不對盤，一件好事也就不了了之。

李煥受命到高雄籌辦中山大學時，王茲華夫婦與東南水泥董事長陳江章等地方人士，不僅捧人場，也捐助大額獎學金，獎勵以第一志願考上中山大學的優秀青年學子，並貼補教授們往來臺北與高雄的差旅費。

王茲華夫婦平日熱心待人，也得到相對的熱情回

▲王昇（右二）、蔣孝武（左一）聯袂赴王茲華生日宴。

報。我曾參加王茲華生日宴，現場冠蓋雲集，可以見到王昇將軍與蔣孝武聯袂出席，李煥也會派專人致送賀匾到現場，賓客包括黨、政、軍等各界的高層人士，以及高雄地方名流，齊聚慶賀。

71 陳定南與辜嚴倬雲、徐乃錦的午餐會

第一次見到陳定南是一九八〇年代初期，隨同基督教女青年會全國協會理事長辜嚴倬雲，與臺北市基督教女青年會理事長徐乃錦，到宜蘭縣去看臺北基督教女青年會坐落在頭城鎮的營地，同時去縣政府拜訪陳定南縣長，談岸邊土地的使用與安全問題。

當天拜訪結束後，中午陳縣長特別安排我們一行人到他的官邸用餐，他的官邸簡樸得一如他的行事作風，與普通民宅沒什麼差別，在餐廳入口處，一腳踩下去，地板還會下陷，並發出咯吱聲響。

迎接北宜貫通新局
再創蘭陽發展契機
宏觀.遠見.創意.務實
清廉.效率.品質.堅持
▲陳定南被辜嚴倬雲、徐乃錦讚不絕口。

不過看得出來那頓午餐是經過他本人精心準備的。屋內不時飄來輕柔的古典樂聲，餐桌上有宜蘭的水產蝦蛄，他還親自下廚煮了宜蘭特產

「糕渣」請我們品嘗。他一邊忙著替我們布菜，還不停地介紹每種菜餚，席間，還問我們是否要喝點紅酒，縣長夫人則親切地與兩位夫人交談。

一頓飯吃下來，辜嚴倬雲與徐乃錦對這一對斯文有禮的縣長夫婦印象好極了，回程的路上讚不絕口。而我與陳定南縣長從此成為好朋友

他在立法委員任內，偶爾參加我主持的電視節目當來賓，所以常有機會聊天。他會拿連戰選總統的兩件夾克去比價，告訴我價差；他會從黑色的公文包拿出一大疊有關宋楚瑜的剪報資料，評論一番，顯然他對「四百年來第一戰」的省長一役敗陣，始終耿耿於懷。

雖然有重情義的一面，但是有時他的一絲不苟也會讓人覺得不盡人情。當他被發表為法務部長時，他常去立法院附近吃牛肉麵的店家，希望部長送他們一幅匾額，光耀門面。他告訴那位老闆：「匾額是沒有，不過我以後還是會來你店裡吃牛肉麵。」

他很自負，對自己在宜蘭縣長任內的政績與風評頗引以為傲。他說：「凡是想在宜蘭參選的候選人，若是批評我，一定不會被宜蘭縣民接受。」當他卸下法務部長回宜蘭再度參選縣長落敗，他的自尊嚴重受創，鬱悶之情使得健康急速惡化。

假設他繼續留任部長，或再度當選縣長，也許一切都會不一樣。

72 活躍國際舞臺的中華民國婦女

「婦女撐起半邊天」是聯合國婦女發展基金(UNIFEM)叫得震天價響，也令全世界婦女振奮的一句口號。

談到中華民國婦女在國際舞臺上的角色，世人與國人第一時間映入腦海的影像，一定是宋美齡女士於一九四三年二月十八日飛抵美國首都華盛頓，應邀前往美國參眾議員聯席會議發表演說的場景；以及隨後訪問紐約、舊金山、好萊塢演說，造成萬人空巷的盛況。

對中華民國婦女而言，以當時國際的局勢、國家的處境，和宋美齡個人擁有的身分地位與獨特的氣質條件，幾乎是集天時、地利、人和的優勢於一身，如果說宋美齡的角色是「前無古人，後無來者」，相信沒有人能否認。

由於宋美齡當年個人的優異表現，確實為後代的中華民國婦女進入國際婦女舞臺，開啟了一條康莊大道，成功引領國內婦女參與各類型的國際婦女組織。

▲活躍國際舞臺的中華民國婦女。

一九四七年，基督教女青年會(YWCA)在中國杭州舉辦世界大會，參加大會的歐洲代表搭船在海上航行六週才抵達會場。宋美齡親臨大會致詞，並贈送世界總會一副「木魚」，用以維持會場秩序。這副「木魚」被基督教女青年會珍藏，一直沿用至今，每三年一度的世界大會召開時，都可以看到大會主席在臺上敲響木魚，宣布大會開始。

今天，中華民國婦女追隨宋美齡的腳步，積極參與國際婦女組織，活躍於國際舞臺，不僅為自己增長見識，也為國家促進民間交流，成為婦女對國家社會的另類貢獻。

目前活躍於國際舞臺的中華民國婦女組織，包括屬於兩個各擁有一百四十多個會員國，且有百年以上歷史的基督教女青年會(YWCA)，與世界女童軍總會(WAGGGS)的中華民國基督教女青年會協會(YWCA)，與中華民國女童軍總會(GST)。

此外，還有國際崇她社中華民國總社(ZONTA)、國際職業婦女協會(BPW)、臺北市迎新會(WTIC)、國際蘭馨交流協會中華民國總會(SOROPTIMIST)、泛太平洋暨東南亞婦女協會 (PPSEAWA)、中華民國護理師護士公會全國聯合會(TUNA)、中華民國工商婦女企業管理協會(CWBA)、世界華人工商婦女企管協會(GFCBW)。

▲1992年愛爾蘭世界婦女高峰會，作者（右三）應邀作國情報告。

以上十個婦女組織，聯合組成「中華民國婦女協會」(NCW)，隸屬於聯合國非政府婦女組織中位階最高的「國際婦女理事會」(ICW)；此外，「中華民國婦女協會」於一九五九年由「美國國際婦女聯盟」(GFWC)輔導，在菲律賓的馬尼拉成立的「亞太婦女協會」(FAWA)中，擔任創始會員國之一，至今仍是最有影響力的成員。

今天，儘管中華民國被排除在聯合國之外，中華民國婦女在聯合國非政府婦女組織中，依舊十分活躍，在許多活動場合，不但可以用中華民國的名稱，甚至還可以在開幕典禮中舉著中華民國的國旗

▲（上）李登輝接見出席1993年國際婦女會各國代表。（下）1998年關島亞太婦女協會大會。

進場。

二〇〇七年五月中旬，婦聯會主任委員辜嚴倬雲率團訪問北京，會見人大委員長賈慶林、國臺辦主任陳雲林，並曾獲得中國婦聯主席顧秀蓮當面承諾：今後在國際性的婦女組織中，如果只有北京的代表，他們就代表兩岸；如果只有臺北的代表，臺北的代表就代表兩岸；如果可以同時容納兩岸代表的國際性婦女組織，那麼兩岸的代表就同時存在，互不排斥。這項承諾至今仍然有效，似乎沒有改變。

73 不用招待所的名人飯局

一九八〇年代的前期，蔣經國執政，雖然黨外運動開始茁壯，社會氛圍與政治相對穩定，臺灣錢淹腳目，是臺灣經濟最輝煌的時代。當時雖然沒有今日所謂的招待所文化，也不允許企業家生活奢華，一擲數億買豪宅；然而，一些政商名人在餐廳或自家舉辦的飯局，除了名酒、美食外，來賓的身分地位都是極有分量的名人雅士，絕非今日媒體報導，部分忙於穿梭招待所之間，或常出入夜店的政商人士與名模辣妹，可以相提並論。在座的賓客都必須是叫得出名號，或具備相當聲望地位的人士，才能稱得上是「名人的飯局」。

某一次晚宴，到場的賓客有謝東閔副總統、蔣緯國將軍、徐乃錦、李煥祕書長、榮工處處長嚴孝章、政大文學院長徐佳士、《英文中國郵報》社長魏小蒙、中央社社長黃肇珩、趙寧教授、高雄拆船大亨王茲華的夫人張雅玲，這場飯局的主人是東南水泥的董事長陳江章。

▲威權時代名人飯局，面對鏡頭右起蔣緯國、徐乃錦、謝東閔。

祖籍澎湖，旅居高雄市的陳江章是臺籍人士中，早期與國民黨政要有交往的企業界人士之一。蔣經國曾於一九四九年短暫擔任臺灣省黨部主委，因此他的贛南子弟兵與臺灣省的地方人士熟悉，且有所來往，是理所當然的事。

陳江章董事長為人熱心，愛交朋友，從他透露的一段故事，可以看出當年經過日本殖民文化洗禮的臺灣男人，對外省男人的「懼內」，可說是大開眼界：酒家是臺灣早年獨有的社交文化與場所，陳江章曾邀請蔣經國身邊「四大金剛」之一的江海東上酒家聚會，酒酣耳熱之際，江海東的夫人聞風而至，當著眾人面前，拎著江海東的耳朵，拖出大門。江海東是一九五一年蔣經國為制衡宋美齡的婦聯會，所成立的「軍人之友社」第一任總幹事。

事過境遷近四十年，陳江章談及這段往事，笑嘆的不是男人上酒家的問題，而是「外省婆」的家教甚嚴，管教如江海東這樣身分的老公，也敢大喇喇地二話不說，拎著耳朵就拖回家，太不可思議了。

74 錢復夫婦與雙橡園今昔

雙橡園是一幢有二十六間房間、占地十五英畝（約一八三六〇坪）的建築，因屋前有兩棵橡樹而得名。其建築與室內設計裝潢，古典而華麗，在美國首都華府的外交圈頗負盛名，從一九三七年至一九七八年，是中華民國九任駐美大使的官邸。

一九七八年底，政府為避免美國與中共建交後，雙橡園落入中共之手，以象徵性的二十美元賣給極為親中華民國政府的友人高華德參議員(Barry M. Goldwater)的「自由中國之友社」(Friends of Free China Association)。一九八二年，因「自由中國之友社」發生財務困窘的問題，政府又以二百萬美元買回。

雙橡園幾經折騰，再加上年久失修，早已不復當初的繁華景象。一九八三年至一九八八年

▲雙橡園掛著歷任中華民國駐美大使照片。

間，錢復出任駐美代表，雙橡園經過錢復夫人田玲玲女士悉心整理，已相當程度恢復了舊觀。

一九九九年，趁赴華府出席國際婦女民主聯盟年會之便，我再度前往雙橡園拜會，接待我們一行人的是陳錫藩大使。參觀一圈後，面對牆壁上掛著自民國初年以來歷任大使的照片，心中的感慨是，雙橡園的景色依舊，只是中華民國的國力與處境，早已今非昔比。

後兩蔣時代

75 李登輝從戰戰兢兢到定於一尊

李登輝是蔣經國一九八四年競選連任時的副總統搭檔，換言之，李登輝也有可能就是蔣經國欽點的接班人，也許蔣經國看中他與自己同樣有共產黨員的背景，加上面對蔣經國時的謙恭態度，以及無子嗣的包袱。

一九八四年五月二十日，蔣經國與李登輝就任中華民國第七任正副總統，鏡頭前的李登輝在蔣經國面前戰戰兢兢，椅子坐三分之一，九十度彎腰鞠躬。

▲李登輝入國民黨的介紹人王作榮。

從另一件事可以看出李登輝格外謹慎的態度：一九八〇年間，每當宋美齡回到臺灣，必然會約見婦聯會的常委們，以及各界婦女領袖。婦聯會的組織架構裡，最高的領導人是主任委員，亦即創辦人宋美齡女士，決策中心則是由十四位常委組成。當時副總統夫人曾文惠女士最受到蔣夫人的關愛，總是拉她坐在身旁。李登輝對自己夫人受到特別待遇，其實很不放心，他認為曾文惠是單純的家庭主婦，不擅長官場的進退應對，萬一言行之間冒犯到蔣夫人，會影響到自己的仕途，總是勸曾文惠盡量少去參加婦聯會的活動。李登輝能攀登權力的顛峰，當然有他的道理，他人不必怨嘆。

李登輝總統上任後，宋美齡主任委員聘請曾文惠女士為首席常委，其排名依序是嚴家淦夫人劉期純、孫運璿夫人、俞國華夫人、郝柏村夫人、連戰夫人、辜振甫夫人、錢劍秋女士、徐鍾珮女士、俞筱鈞女士、錢復夫人、陳勉修夫人、夏功權夫人、丁桐女士。

▲梁肅戎退回李登輝的春節慰問金。

蔣經國上任兩年後，健康情況日漸走下坡，許多行程都由李登輝代表，特別是在中南部訪視時，地方上的政商名人前呼後擁，爭相逢迎，李登輝也大喇喇地擺出接班人的架勢。當時黨內與政府高層沒人擔心蔣經國的健康情況，總以為「眼前的現狀就是永恆」，也沒人嚴肅看待李登輝有朝一日終將接替蔣經國，成為國家領導人。

蔣彥士、李煥等黨內大老，聽說他的聲勢日盛，並不擔心，直接的反應是：「怎麼會？他是我推薦給蔣經國的！」李煥還出示了一張呈給蔣經國、書寫了李登輝簡要履歷的便條紙，證明所言不假。

只是，世事難料，人算不如天算，蔣經國在一九八八年一月十三日病逝，李登輝登上大位，國民黨大老們還不相信李登輝可以接任國民黨主席的位子。當初自信滿滿、認為可以掌握李登輝的黨政大老，卻一個個被李登輝鬥倒，江山定於一尊，形勢比人強，想翻身已時不我予。

短短幾年光景，經過幾次政爭後，李登輝已從一位戰戰兢兢的副總統，進化到一位謀略與霸氣兼具的強人總統。是蔣經國看走眼？或是李登輝掩飾得當？亦或是蔣經國用心良苦刻意栽培？

無論是基於哪一項原因，李登輝正式當權後的諸多作為，都足以證明他確實是一位不世出的政治天才型人物，在位十二年，呼風喚雨，隨心所欲，享盡人間榮華富貴。他集天時、地利、人和的條件，與長於謀略的本事，勝過蔣經國累積近四十年上山下海的努力，冒著槍林彈雨金門搶灘的危險，而他輕易就到達權力的顛峰，一統江山。

有恩報恩，有仇必報的性格

他駕馭屬下所仗持的原則是：錢能解決的事都是小事，要錢給錢、要位子給位子，不過只得二擇一。此外，有恩報恩，有仇必報，也是他奉行的原則。譬如他對梁國樹、侯金英，以及王作榮、范馨香兩對夫妻的照顧就是最好的例子。

梁國樹是他在美國康乃爾大學進修時，照顧過他的朋友。李登輝留美時，每逢長假，李登輝與曾文惠會到梁家小住，梁氏夫婦外出應酬時，他們會幫忙看顧梁家的小朋友，週末，梁氏夫婦會偕同他們一同遊湖踏青。梁國樹回臺後，歷任中央銀行副總裁，一銀、彰銀董事長。李登輝當總統後，一九八九年九月，梁國樹調交銀董事長，一九九四年六月，升任中央銀行總裁，直到一九九五年三月因病請辭。

王作榮則是他加入國民黨的介紹人與財經顧問，也是有共同信仰的虔誠基督徒，有一段時間幾乎是通家之好，時有往來。李登輝除了任命他為考選部長、監察院長外，王作榮的妻子范馨香大法官過世後，李登輝還曾幫他與楊慧英大法官作媒，可惜沒有成功。

但從李登輝和立法院長梁肅戎兩人互槓，也可以看出他的個性強悍。梁肅戎個性剛烈，對人對事，只要認定正確無誤，一定堅持己見，絕不妥協。梁肅戎在立法院長任內，對李登輝的作為多有批判，卸任後，李登輝依照慣例，敦聘他為總統府資政。梁肅戎依舊批評李登輝，最後終於惹惱了李登輝，對梁下了通牒，要他把過年時總統府特別致贈的春節慰問金退回。手頭並不寬裕的梁肅戎二話不說，將慰問金原封不動地退回給李登輝。

兩岸政策：「戒急用忍」與「兩國論」

李登輝打從心底蔑視中共政權，推動戒急用忍，卻能與對岸虛與委蛇，兩岸密使穿梭不斷。一九九六年總統大選，爆發臺海危機，他可以事先知曉對岸發射的是空包彈；危機過後，他順利當選，中共中央總書記江澤民還拍賀電恭賀他，江澤民換屆成功，李登輝也去電祝賀。

一九九三年展開的辜汪會談，在李登輝的謀略中，只是一場政治大秀，當兩岸互動逐漸升溫，此時「兩國論」業已成形。一九九八年十月，海基會董事長辜振甫應海協會董事長汪道涵之邀，前往上海訪問，再到北京與江澤民見面。辜振甫與汪道涵會面時，二人相約第二年十月邀汪道涵來臺回訪。

未料，李登輝卻於一九九九年七月九日接受「德國之聲」訪問，搶先拋出兩國論，打消了汪道涵回訪的任何可能性。緊接著發生九月二十一日的大地震，與二○○○年三月總統大選政黨輪替，辜汪的臺北會，兩人終其一生都未能實現。

李登輝主張臺獨，卻巧妙地以「經營大臺灣，建立新中原」口號包裝，瞞天過海。官派的臺灣省主席改由人民直選省長，待時機成熟時，再丟出「廢省」，一方面可以測試未來推動總統全民直選的可行性；另一方面可以封殺中共一再宣稱「臺灣是中國一省」的論調。

「寧靜革命」與「民主先生」的美譽

李登輝追隨蔣經國的「本土化」政策，卻衍生出意識形態與省籍對立、黨內的主流與非主流之爭，造成國民黨徹底分裂，黨員出走，另組新黨、親民黨、臺聯黨，每逢選舉，候選人兄弟自相爭奪，從此積弱不振。

蔣經國生前對黨、政、軍三大權力系統的安排，將黨交給國民黨中央委員會祕書長李煥，政由行政院長俞國華負責，軍則歸參謀總長郝柏村。他先換下俞國華，負責黨務的李煥接任行政院長一年後，他又讓管軍事的郝柏村擔任行政院長。除了以權位誘惑，造成內鬥，部分前朝要角轉向助他一臂之力，終於被各個擊破。最後，天下定於一尊，還為自己贏得了「寧靜革命」與「民主先生」的美名。

為了實現做偉大總統的目標，他提出的「奶水論」，借助民進黨的力量，在國民大會支持他進行六次修憲，「廢省」、「總統直選」、「廢閣揆同意權」，奠定成為偉大總統的基本條件。支持他的臺大政治系教授蔡政文曾得意地對外宣稱，憲改後的中華民國體制是「改良式的總統制」，可以換來臺灣三十年的長治久安。

社會與政壇上對李登輝的作為，有人歌功頌德，也有人大加批判，一首打油詩就留給社會大眾去體會：

先毀三民主義，
再廢五權憲法，
寶島依舊美麗，
民國已非中華。

76 蔣經國過世後，俞國華失去靠山

坦白說，蔣經國過世，李登輝登上總統大位後，在短短四、五年時間便完全掌控政局。與其說是李登輝精於權謀算計，不如說是蔣經國時代握有權力的各路人馬互鬥，爭權奪利，最後被李登輝各個擊破的結果。

行政院長俞國華是浙江奉化人，早年曾留學美國哈佛大學與倫敦政經學院，舉止斯文，學養俱佳，一九三六年以二十二歲的年紀進入軍事委員會侍從室，擔任蔣介石的機要祕書。

一九五五年開始，成為兩蔣政府推動財金政策的重要負責人。如果不是孫運璿在一九八四年二月二十四日病倒，蔣經國當選連任後沒有更適當的親信出掌行政院，以俞國華的內向與保守性格，不可能受命組閣。

李登輝繼蔣經國出任總統，失去靠山的俞國華，面對立法院內來自三山五嶽的各路英雄好漢，特別是他一口濃厚的鄉音，與立法院的本土生態顯得格格不入；加上立法院內支持當時權傾一時、人脈豐沛的國民黨祕書長李煥的人馬，希望李煥能更上層樓接任行政院長，大家一同水漲船高，立法院內「倒俞」的聲音不斷，俞國華的處境十分辛苦。

在關鍵時刻，立法委員吳春晴在質詢時，爆出了俞國華包庇酒家女的緋聞案，俞國華終於在一九八九年五月初提出辭呈，李煥六月一日上任。

俞國華夫人董梅貞在電視訪談中，感慨說出傳頌至今的一句名言：「政治太可怕了！」事實上，俞國華夫人對傳聞中發動「倒俞」的幕後黑手李煥，心中的怨懟從未釋懷。

▲俞國華夫人董梅貞（右二）。

77 李登輝與李煥從熱絡到反目

蔣經國過世後，李登輝順理成章繼任，接續蔣經國遺下的中華民國第七任總統任期。但是，黨主席的遺缺要如何補實，黨內暗潮洶湧，當時擔任國民黨祕書長的李煥認為只需全體二十七位中常委連署背書，完成正式程序。

他擱置宋美齡要求緩議的信函，親自進行連署工作，出乎他的意料，除了軍系大老有意見外，包括謝東閔、林洋港、黃尊秋等臺籍大老也拒絕連署。李煥只得將連署書裁成二十七份，用某某人已簽名的說法，誆得個別中常委的簽名，再釘集成冊，完成連署。

在此同時，黨內少壯派中央委員如趙少康、郁慕明、張忠棟等人也大聲疾呼，應由李登輝總統兼任國民黨主席，在天時、地利、人和的優勢下，一九八八年一月底，李登輝總統成為國民黨代理主席，同年七月，順利接掌了國民黨。

然而黨內大老以及中常委們，無論在黨政的年資、輩分、經歷上，幾乎人人都超越這位黨政大權集一身的新領導人，對這位蔣經國的繼任人選，並不真的心服口服。

每週三中常會上，李登輝提出的意見和說法，中常委們都有不同的看法，或直接挑戰他的論點。李登輝隱忍一段時日後，一次為了彭明敏等黑名單人士是否可解禁返臺，行政院長俞國華、國民黨祕書長李煥堅持黑名單人士必須先自首，與李登輝的無條件解禁返臺意見相左。他終於發飆，拍桌怒罵：「你們欺負我這個臺灣人總統！」

從此以後，中常會場面上的氛圍明顯改觀，但是實質上的問題並未解決，所以才有往後一九九〇年二月爆發的政爭與其他事端。李登輝接任中華民國總統後，國內社會大眾對這位不姓蔣的新總統不但陌生，而且好奇。而媒體與黨政軍，以及各行各業所關心的，是新總統未來的政策與領導國家發展的方向。

李登輝就任總統一個月後的農曆新年初四，《天下》雜誌發行人殷允芃與我相約，前往國民黨中央黨部拜訪祕書長李煥，想聽聽他的看法。我們依約定的時間抵達時，祕書告訴我們：「祕書長有特別行程，要你們等他。」

李煥回到辦公室，我們問他：「去哪裡？」他很坦白地告訴我們：「李先生（登輝）約我到官邸見面。」記者的職業病與敏感的嗅覺發作，我們問：「談什麼？」李煥回答：「李總統說他想做一個偉大的總統。」我們再問：「你怎麼說？」李煥回答：「我說如果你想做一個偉大的總統，我會幫助你做個偉大的總統。」

同年五月間，李煥自以為可以指導李登輝的強勢作為，造成他與李登輝起了磨擦，一天早起時，感到暈眩不適，住到臺大醫院休息。

七月七日，國民黨召開十三全大會，李登輝正式就任黨主席。當天，李煥因聲望高，進行祕書長報告時，說話鏗鏘有力，現場反應熱絡，氣勢明顯驚嚇到李登輝。

神來一筆，任命郝柏村為行政院長

雖然李登輝在一九八九年六月一日換下了俞國華，勉強任命李煥為行政院長，其實彼此之間的心結已難解。李登輝為了壓制無論在黨內與政壇，實力都少有人能與之抗衡的李煥，神來一筆，提名軍事強人郝柏村將軍繼任行政院長，社會上一片錯愕，現實的政壇人士立刻聞風轉向。

李煥無力回天，終於在一九九〇年五月三十一日，向李登輝提出內閣總辭，黯然卸任，在位僅僅一年。

而當初為李登輝抬轎或搖旗吶喊，助他登上國民黨主席寶座的同志，不到五年時間，都相繼與他反目，唯獨宋楚瑜維持到一九九九年凍省。

78 二月政爭操盤手：宋楚瑜與張豫生

▲二月政爭操盤手張豫生。

一九九〇年二月，李登輝接續蔣經國餘下的第七任總統任期屆滿，他沒有如外界預期提名李煥做為副手，而是提名沒有政治班底的李元簇，準備一同競選第八任總統、副總統。此時，部分老國代決定徵召蔣緯國與林洋港搭檔，挑戰李登輝與李元簇的組合，就是所謂的「二月政爭」。

當時分為主流派（支持李登輝的起立表決派）以及非主流派（投票表決派），兩邊陣勢擺開，李登輝陣營有二宋一蘇（宋楚瑜、宋心濂、蘇志誠），大家耳熟能詳，卻很少人知道林、蔣陣營除了浮在檯面上的人物外，還有一位高手，曾擔任過國民黨青工會主任的張豫生負責操盤。張豫生精明幹練，臺大政治系與政大外交所畢業，曾擔任國民黨青年工作會主任、救國團副主任、太平洋文化基金會執行長，當選過第十二、十三屆國民黨中央委員，長期從事國民黨青年輔導工作，是根正苗紅的藍營人士。

二月政爭時，挺李登輝的主流派，包括李元簇、蔣彥士、宋心濂、宋楚瑜，與反李登輝的非主流派，有林洋港、陳履安、俞國華、郝柏村、蔣緯國等，為了總統、副總統提名人選應該用主流派主張的起立，或是非主流派主張的票選，形成對立。

李煥因爭取副總統提名未果，倒向非主流派。當時擔任太平洋文化基金會執行長的張豫生，除了與當時也是太平洋文化基金會董事長李煥為主從關係外，因長期在國民黨內工作，與李煥有深厚的淵源，理所當然負責操盤。

對手宋楚瑜透過宋心濂的國安系統電話監聽，掌握非主流派名單後，連夜以電話個別告戒，已完全了解他們的動作，次日表決，反李的非主流派人馬棄守。國民黨臨全會以起立鼓掌方式，通過李登輝、李元簇為國民黨第八任總統、副總統候選人。

李煥與張豫生的連線被二宋一蘇掌控的監聽機制破解，政爭失敗。後來李煥與張豫生二人先後都在太平洋基金會任上過世。

79 宋楚瑜、吳敦義各有臨門一腳

蔣經國過世後的第一次國民黨中常會上，宋楚瑜的臨門一腳（註），幫李登輝闖過國民黨內權力交替的第一關，李登輝為報答宋，對宋的提攜不遺餘力，甚至形容兩人間的關係情同父子。

其實，吳敦義之於馬英九，也有臨門一腳之功，只是政壇上少有人知道。二〇〇七年二月十三日，國民黨主席馬英九因特別費案被起訴，被迫必須辭去黨主席一職。時任國民黨祕書長的吳敦義，建議馬英九在記者會上宣布辭職的同時，宣布參加二〇〇八年的總統選舉。馬英九同意後又反悔，因為以當時的聲望，他認為自己可以用無黨籍候選人的身分參選，同樣勝券在握。

吳敦義告訴馬英九：「你如果用無黨籍候選人的身分參選，國民黨也一定會推出一組自己的候選人，在支持者分裂的情況下，你不見得有勝算。」

當馬英九還在猶豫不決時，吳敦義告訴他：「你今天若是不宣布，我就宣布參選，而且我的參選宣言都已經寫好了。」這時馬英九別無選擇，只得在宣布辭去黨主席的記者會上，同時宣布參加二〇〇八年的總統選舉。

這臨門一腳，馬英九沒有忘記，二〇一二年馬英九競選連任，放棄原來的副總統搭檔蕭萬長，選擇了吳敦義。

（註）一九八八年一月二十七日國民黨臨時中常會上，副祕書長宋楚瑜因為與會中常委沒有提出代理主席議案，提出嚴重抗議，表示如不提出代理主席案，對國喪期間的國家和黨所造成的傷害，將一天大過一天。

80 蔣經國拔擢李登輝後悔嗎？

二○一六年總統大選，政黨再度輪替，國民黨幾乎全面崩盤，丟失中央執政權之外，立法院自政府一九四九年遷臺以來，首度失去多數席次，地方縣市長也只剩下八席。

民進黨再度執政，在立法院以壓倒性多數通過《黨產法》（全名《政黨及其附隨組織不當取得財產處理條例》），清算國民黨的財產，強勢準備沒收被黨產會推定為國民黨以不當手段取得的財產。追溯期限自一九四五年起至一九八九年止，涵蓋兩蔣執政時期，卻巧妙地避開李登輝擔任國民黨主席的十二年。

國民黨走到今天瀕臨敗亡的地步，黨員們怨天尤人、怪東怪西。其實說穿了，除了從政同志爭權奪利，國民黨人內鬥內行、外鬥外行的惡質外，蔣經國拔擢李登輝，一路刻意栽培，從行政院政務委員、臺北市長、臺灣省主席、中華民國副總統，最後一九八八年蔣經國在任內過世，李登輝登上大位並兼國民黨主席，才是國民黨走向潰敗的根源。

李登輝執政的十二年間，在黨內，快速將蔣經國的舊臣大老逐一鬥倒或收編，引進地方黑金勢力鞏固政權，突顯省籍情結，造成對立，倡導「經營大臺灣、建立新中原」的臺灣獨立建國路線，導致國民黨一分為四（國民黨、新黨、親民黨、臺聯黨），相互牽制，互挖牆腳，從此分崩離析，積弱不振，選情每下愈況，最後導致民進黨全面執政。

猶記得二〇〇〇年總統大選，國民黨落敗，政黨輪替後，一群民進黨籍立法委員前往翠山莊拜見李登輝，當他們步出李登輝官邸，面對守候門外的記者群時，其中一位前民進黨籍的立委兼名嘴喜孜孜地表示：「原來我們的人早就在執政了！」短短的一句話，說明了一切。

如果蔣經國地下有知，不知會不會後悔？

81 李登輝突然辭國民黨主席之謎

二〇〇〇年三月十八日總統大選，代表民進黨參選的陳水扁、呂秀蓮，以三九．三%（四百九十七萬七千七百三十七票）的得票率，當選中華民國第十任正、副總統，成為中華民國行憲以來第一任非國民黨籍的總統、副總統，國民黨宣告下野。失去中央執政權，對於曾經歷一九四九年大陸淪陷、退守臺灣的國民黨人，以及國民黨在臺灣執政半世紀，早已適應現有的政治、經濟、社會制度的民眾而言，其產生的衝擊與震撼，決不亞於當年。

總統兼國民黨主席的李登輝立刻成為眾矢之的，敗選第二天，三月十九日，國民黨隨即在木柵革命實踐研究院（青邨）召開臨時中常會。面對氣氛低迷的的中常會，與感受錯愕失落的中常委們，李登輝慷慨陳辭，責無旁貸要扛起黨主席的責任。

他向中常委們宣誓，他的「黨主席任期到九月才屆滿，薑是老的辣，將會繼續領導國民黨」。在此同時，情緒激動與忿怒的群眾，已開始集結在中山南路的國民黨總部四周。

正當此時，為了確認臺灣政權和平轉移、政局平穩，美國訪問團於三月二十日來到臺灣，面見李登輝總統，以及剛出爐的第十任總統、副總統當選人陳水扁和呂秀蓮。

三月二十二日星期三，國民黨例行中常會上，李登輝進入會場，從西裝口袋掏出一張稿件宣讀：他自即日起辭去國民黨主席。現場一片死寂，國民黨中常委們當天一反常態，沒有人挺身而出，呼籲擁護黨中央。李登輝宣讀完畢，摺起稿紙，隨即離開會場，步出國民黨中央黨部大樓。從那天以後，他沒再走進中山南路或八德路的國民黨部。

三月二十三日下午，國民黨中央在李登輝的官邸庭院，為他舉辦了一場歡送茶會，當時天公不作美，細雨不停，黨部一級主管們撐著傘站立院中，行禮如儀，直到茶會結束。三月二十四日，李登輝辭去國民黨主席的行政手續完成，正式生效。

李登輝擔任國民黨主席十二年，享盡人間榮華富貴，離開後，恨意如此深，處處表現出欲毀之而後快，甚至不消滅國民黨不能解他心頭之恨的態度，不禁令人懷疑，李登輝當年辭去國民黨主席一事，到底是出於自願？或被逼迫？

最近九十三歲的李登輝說他不是國民黨員，事實真相是什麼？

一九七一年，王作榮、范馨香夫婦是介紹李登輝加入國民黨的原始介紹人，後來因為夫妻不能同時擔任介紹人，才將范馨香大法官換成別人。王作榮、范馨香夫婦雖然都已過世，國民黨應該還保有原始檔案。

有人批評李登輝說話常常前後矛盾、顛三倒四，陳水扁罵他「老番顛」，其實那是一種企圖模糊或掩飾真相的手法。翻開由上坂冬子《虎口的總統》中第三二〇頁，第一行就白紙黑字清楚記載：「一九七一年，李登輝加入國民黨。」

82 宋楚瑜：識時務的當代俊傑

臺灣政壇，若論當代最識時務的政治人物，非宋楚瑜莫屬。眾所周知，一九七四年，在美國國會圖書館任職的宋楚瑜自美返回臺灣，正如他自己宣稱，此後隨侍蔣經國十四年，在蔣經國身邊耳濡目染，練就一身好本事。

二〇〇〇年，他參選第十任中華民國總統，以一人之力，與兩大黨（國民黨與民進黨）相抗衡，小輸三十萬票落敗。拗不過支持者的要求，在同年三月間成立親民黨，並出任黨主席迄今。雖常被譏諷為「一人政黨、萬年黨主席」，但是沒人能否認，在卸下公職十六年後，依舊能在政壇上呼風喚雨的人物，除了李登輝，也只有宋楚瑜而已。

能走到這一步，必須要有相當的功力，他勇於面對現實，不憂讒畏譏。在蔣經國身邊多年，曾經呼風喚雨，宋楚瑜清楚了解，榮華富貴是來自權力中心，如果不能成為權力中心，就必須接近權力中心，或得到權力中心的接納與肯定。

蔣經國過世後，他以大內高手之姿出現，幫助李登輝過關斬將，穩住政權。是李登輝執政的十二年間，唯一能獲得他倚重的蔣經國親信，做為省長，也能權傾一時。

二〇〇四年總統大選，阿扁打敗宋楚瑜與連戰，事後，他竟然可以扛著「真誠」掛軸，為阿扁到對岸搞「搭橋之旅」，只可惜被阿扁出賣，背後捅他一刀，說他不代表總統，灰頭土臉回到臺灣。

他遇到最不識相的人是馬英九。他為馬英九下跪拜票，馬英九不知感恩，導致他二〇一二年與二〇一六年兩度參選總統，企圖扯下馬英九與打敗國民黨取而代之。終於在二〇一六年這一仗打敗國民黨，不僅幫助蔡英文勝選，而且是完全執政。

「天道酬勤」換來蔡英文指派他為總統特使，代表蔡英文出席二〇一六年十一月在祕魯舉行的亞太經濟合作會議(APEC)領袖峰會，以及總統府資政。記者會上，他顧盼自雄，滔滔不絕，誰能說他不是最識時務的俊傑？

附錄

誰是林義雄家血案的凶手？

一九八〇年，林義雄家血案發生後，我用筆名丁希文，在《中國人》月刊寫了這篇報導：〈誰是林義雄家血案的凶手？〉在海外引起相當大的討論與迴響。同年六月十日出版的《疾風》雜誌第一卷十一期，轉載這篇報導，並形容這篇報導「是國內難得一見之佳作」。

在王昇權傾一時的年代，發生了林義雄家血案，社會上充斥著風聲鶴唳的詭異氣氛，撰寫這篇報導其實冒了很大的風險，除了用筆名外，當時與王昇互鬥暫居劣勢的李煥一再提醒我：「千萬記住，任何人問起，絕對不可以承認是妳寫的！」

時隔三十六年，李煥、王昇二人均已作古，社會上也沒有威權時代的肅殺之氣，所以將這篇報導收錄在這本書中，也算為當年發生的歷史事件做一個見證。

去年（指一九七九年）十二月十日高雄美麗島暴動事件發生後，臺北當局迅速地依法律程序逮捕了十四名主要當事人，加上其他隨後被捕及自動投案的涉嫌者，使涉及該案的人犯共達一百餘人，引起了海內外人士的極度關心與重視。

不同的是島內群情激動指責參與高雄事件者的暴力行為，已危害了臺灣社會的安定與國家的生存；海外部分華人則擔心政府此舉會阻礙了臺灣正在邁向民主的道路；少數的第三心態旅美知識分子發起聯名上書蔣經國總統，並請女作家陳若曦帶回臺灣，為被捕的涉嫌者請命，盼政府當局能寬大為懷，從輕發落肇事者。

隨後，政府將向各縣市警察局自首的五十人，經訊明後交保釋放，另外情節輕微的三十七人交保候傳，至於在押的六十五人，由軍事檢察官依法偵查，沒有叛國罪嫌的，移送司法機關偵辦，再依法公開審理。黃信介、施明德、姚嘉文、張俊宏、林義雄、林弘宣、呂秀蓮、陳菊等八人，則因涉嫌叛亂，以軍法起訴。

這項決定宣布後，起訴書中八名涉嫌者的叛亂罪證，雖然仍引起許多議論，但是一般而言，只有八人送軍法審判，同時起訴書末了曾聲明得請予「從輕處理」，頗令海外的知識分子感到安慰，平心靜氣地等待公開審判之日到來。

正當此關鍵性的時刻，臺灣島內卻又發生了一件令人驚駭的大血案：被以軍法起訴的八名涉嫌者之一，臺灣省議員林義雄家中六十歲的寡母，以及兩個七歲的雙胞胎女兒，在二月二十八日午後，遭人分別以利刃刺殺，身上分別被刺十二刀及各一刀，另一個九歲的女兒亦身中六刀，生命垂危，案發後由警方立即送往臺北市仁愛醫院加護病房，全力搶救。林義雄的太太則因前往警備總部探監，倖免於難。

血案發生後不久，蔣總統即接獲臺灣警政署等治安單位負責人的報告，並立即指示警備總部，即刻與軍法處協調，保釋林義雄，以便會同治安單位處理善後，並懸賞兩百萬元緝凶；同時指派警方人員保護在押的高雄事件軍法起訴涉嫌人犯的家屬；並要求治安機關成立專案小組，負責偵辦，迅速破案。

這個消息第二天便傳到了美國，同時很快地便傳遍了美國的華人社會。由於血案的受害者是被告的家屬，而發生日期的巧合，特別選在二月二十八日這天，其對臺灣政治與社會可能造成的震撼與挑起尖銳衝突，是不可否認的。加上身在海外，時間、空間的隔閡，消息來源的缺乏，對事實真相了解的程度有限，一時傳說紛紜，莫衷一是。右派人士滿腹狐疑，不知所以；左派造謠攪和，幸災樂禍；臺獨分子則惹事生非，唯恐天下不亂。

根據各方對此案的傳言，臺獨、中共與極右派都脫不了嫌疑。雖然每種說法及其所舉的理由與例證，都缺乏充分的事實根據，但是在種種傳聞中，又都不無蛛絲馬跡可尋，頗堪玩味。

臺獨分子幹的——已有先例

關於林家血案的第一種猜測，是臺獨分子所為。雖然臺獨分子至今予人的印象仍是膽子小，只會虛張聲勢嚇唬人，事實上，他們之中部分與左派來往頻繁，已逐漸走向暴力，像王幸男寄炸彈郵包炸傷謝東閔；陳婉真在臺獨分子的慫恿下，到國府駐紐約辦事處前絕食示威前後，辦事處都發生了小型爆炸事件；高雄事件後黃信介等人被捕，臺獨分子在國府駐洛杉磯、西雅圖、舊金山、芝加哥、華盛頓等地辦事處，用木棍、石塊、化學藥品等搗毀辦公室，打傷員工，並揚言國府若判處一個被捕者死刑，他們也將以暴力對付一個國府官員或彼等子女做為報復。

同時在血案發生前一天，也就是二月二十七日，臺獨分子在王昇的兒子王步天，及國府駐洛城負責人張炳南等人的家中，放置定時炸彈，次日並在「臺灣之音」中得意地宣揚。這些都足以將原本膽小的臺獨形象改變。

其次，高雄事件後，臺獨分子隨即在美國成立「臺灣建國聯合陣線」，曾明言要對臺灣執政的「國民黨政權做立即地、持續地、毫不容情地攻擊，一直到這個罪惡的政權從地球上消失」。一月十五日並發出其第一號文件，表示要建立革命武力，並進行戰鬥宣傳，分別由許信良、陳婉真負責。

此外，少數臺獨分子為了替自己增添政治資本，更不惜挑撥離間，故意替因美麗島事件被捕者製造罪名，諸如：臺獨分子王敏向中共駐美大使柴澤民勾搭，並在歡迎柴澤民的宴會上，率眾高唱《美麗島》雜誌社集合時必唱的臺灣民謠〈補破網〉，其目的不外乎刺激國民黨當局對被捕者量以重刑，以圖製造幾個「烈士」，挑起島內臺灣人與外省人間的仇恨；其用心之險惡，不禁使人懷疑臺獨分子若在必要時，不惜犧牲幾個被捕者的家屬，並非絕無可能。

中共幹的——一石二鳥

第二種可能是中共利用拖垮國民黨的手段。中共在一九七九年一月與美國正式建立外交關係後，其與國民黨的鬥爭是一場徹底的勝利，可謂躊躇滿志，但是其內部經濟脆弱、民生凋敝、特權橫行、觀念落伍，使得許多原先曾對中共寄以厚望的左派人士感到絕望，更遑論生活在臺灣的中國人。因此中共與美國建交後，對臺灣放出的和平統戰攻勢：通商、通郵、通航，並沒有收到預期的效果；武力奪取臺灣，在目前是不願也無能為力，而臺灣如能繼續維持目前這種社會安定與經濟繁榮的局面，統一之日將遙遙無期。

中共領導人口中雖說可以等，心中何嘗不急？否則中共近年來不會一改常態，對親臺灣的傑出學人、華僑極力拉攏，邀請他們回大陸參觀，提供各種賺錢的貿易機會；也不會設置規模龐大的對臺工作小組，由鄧小平親自負責指揮；更不必一再勞動周恩來的遺孀鄧穎超，在古稀之年風塵僕僕地到東南亞及日本各地奔波，呼籲海外華人幫助臺灣早日重回祖國的懷抱。

中共雖然決不容許臺灣獨立，但是利用臺獨分子的衝動與鹵莽，以達到其造成臺灣人與外省人間之對立，以及社會動亂的目的，然後一併解決，則是一石兩鳥之計，何樂而不為？當執政的國民黨一旦失去對臺灣的控制力，臺獨分子是絕無能力穩定並控制臺灣局面的，屆時中共便可以不必使大勁，輕而易舉地達成其三十年來夢寐以求的統一心願。

中共的此番用心，可以從其駐美官員的表現，以及美國左派報紙與人士的種種做法與手段得到證明。首先，中共與臺獨本是勢不兩立的，然而前面提及臺獨分子王敏向中共駐美大使柴澤民勾搭，柴氏以大使之尊竟願與之虛與委蛇，其用心何在，豈不一目瞭然。

其次，去年八月間，陳婉真在臺獨分子張燦鍙、張富雄、張金策的慫恿下，到國府駐紐約辦事處絕食示威。看北京眼色行事的《北美日報》，報導上表現得很特出，不但每天以頭版頭條的版位詳加報導，描述經過情形，同時還配合陳婉真的絕食，在其絕食第十天發動「人道示威」，由政大新聞系畢業，與中共有密切來往的該報負責人蘇國坤，率領了近三十人示威。

臺獨為了避免被利用，提前一小時舉行了示威，並與蘇國坤領導的左派分子劃清界線。左派分子「助威」被拒，頗為難堪，遊行示威草草收場，事後便開始在報上連篇累牘地痛責臺獨分子，同時還掀了陳婉真絕食示威的底牌——陳婉真並未真「絕」食，亦無需抬回車內由醫生治療，因為車內並沒有醫生，一時傳為笑談。

此外，臺獨分子去年十二月二十二日上午，在紐約哈瑪紹廣場(Dag Hammarskjold Plaza)舉行了一次群眾大會，左派人士亦在當天下午舉行示威，參加的大都是七十年代初期的保釣老英雄們，諸如姚立民、黃哲操、陳憲忠、袁復雄等人。這次示威既未能與臺獨攪和到一堆，人數又寥寥無幾，自然也很難達到其真正目的。

當這些美國左派人士與臺獨分子搭不上邊，發生不了什麼大作用之際，中共再度搬出周恩來的遺孀鄧穎超，鄧在三月四日發表談話說：「我們不贊成臺灣獨立，但我們願意與主張臺獨的人士交換意見，歡迎他們來大陸參觀。」鄧穎超出面，想必能收到一點具體的效果，只是對幾位臺獨負責人內部之間能否擺平的問題，還需要一番手腳。

國民黨幹的——毫無根據

另外便是三月初突然出現在舊金山唐人街的一些標語，暗示殺害宜蘭籍省議員林義雄家人的凶手是國民黨主使的。其中一個標語內容是：「沈君山說國民黨有錢，可以雇凶手殺任何人。」另一個標語內容是：「王昇告訴阮大仁，他們殺我們一個，我們殺他們二個。」

眾所周知，沈、阮二人是出了名的自由派，也不是國民黨員，但是由於其家庭與國民黨的深厚淵源，對國民黨多少犯了溫情主義，因而被人用這種方法離間其與國民黨的關係，以造成國民黨的全面孤立。

兩位當事人均矢口否認曾說過這種話，據有關人士分析，這些標語可能出自臺獨或中共之手，尤以後者的可能性較大。

緊接著沈、阮二人被貼大字報後，三月二十七日的《北美日報》上刊出了一篇署名康寧祥的文章〈為我們的民主前途請命〉。內容除預言國民黨政權將在一九八一年結束，臺灣將成一個「新而獨立」的國家，一個名符其實的「美麗島」等，對國民黨政權可以說是極盡汙蔑之能事。

認識了解康寧祥的人都知道，康寧祥是個非常小心謹慎的人，他的老成遠超過他的實際年齡。他極在乎別人對他的觀感，凡有付諸文字的質詢或文章，必定經過小心的修飾與潤色，措詞用字很考究。

這篇文章的題目確實是康寧祥在美麗島事件發生後，在立法院質詢全文的題目，內容文句卻與康寧祥的文章相去十萬八千里。同時以他之做法，即使心中如此想也決不會白紙黑字，在此時此刻投到《北美日報》發表。如果他真願意正式發表這樣一篇「宣言」，以康的個性，應該是選擇《紐約時報》，而非左派的《北美日報》。

康寧祥的身價與野心不止那一點點，別太小看了康寧祥。這種栽贓的手段並不太高明，其目的無非與前面述及柴澤民與王敏勾搭是同一手段，以刺激國府當局逮捕康寧祥，希望在島內和美國各地的華人間，再造成一次震撼，而對國府採取激烈的攻擊和報復手段。

極右派幹的——只有謠言、沒有證據

第三種說法是臺灣島內少數極右派分子的報復行動。支持這種說法的理由很多，但是漏洞也很多。

首先，臺灣自從經歷了中壢事件後，國民黨組織工作會主任李煥因此下臺，隨後六十七年底的選舉，六十八年中共與美國建交，高雄美麗島事件等的一連串衝擊下，國民黨疲於應付，組織工作會與省黨部負責人一再走馬換將，前者由趙自齊、王任遠、陳履安以至出身政戰的梁孝煌擔任，後者則是由王唯農而潘振球，以至目前的蔣主席親信宋時選出任。王昇領導的政戰系統不僅深入文化、新聞傳播界，同時也進入了黨的組織工作會，是鷹派力量的抬頭。更湊巧的是在林義雄家人被殺的前一天，王昇的兒子洛城家遭臺獨炸毀，使得中共、臺獨造謠王昇的手下必定會憤怒地予以報復。

美國目前盛傳著一個謠言來支持這種猜測，而散播這謠言的就是陳若曦。事情是這樣的，當陳若曦帶著聯名求情信回到臺灣，受到了文藝界人士的熱烈歡迎，有「新文藝之父」之稱的王昇將軍也做了一次東道請陳若曦。據說陳若曦回美後告訴朋友，她在飯桌上表示對高雄事件被捕者要從輕發落，以免造成海外臺獨分子的暴力報復，而當時坐在王昇旁邊的一位高級政戰將領回答說：「他們如果敢動我們一個，我們就動他們二十個。」她聽了後為之毛骨悚然，王昇則面露微笑沒有說話。

某外國通訊社稱，林義雄本人在審判庭上表示，他在軍法處受偵訊時曾受到威脅：「如果你不採取合作的態度，我們便要對你的家人不利。」同時一般人也相信，被告的家屬必定受到有關單位人員的監視，在受監視的情況下發生了三死一傷的血案，竟然毫不知情，必定是安全人員自己下的手。

美麗島事件後，島上新聞媒介物一片譴責之聲，群情激昂，加上年前因對抗《美麗島》雜誌應運而生的《疾風》雜誌社的極右派激烈分子，令人懷疑少數極端分子會衝動地殺害家屬洩憤亦未可知。

但是另外一些反證亦相當有力。第一，美麗島事件後，非國民黨的政治人物幾乎被一網打盡，國民黨在第一回合中已占了上風；難得的是竟獲得島上絕大多數居民的支持，實在沒有必要在審判之前出此下策，自然更不會愚蠢到挑選二月二十八日這天下手製造「政治血案」。

最重要的一點是，凡對國民黨與共產黨都有深刻了解的人，必定會承認一個事實，若拿「婦人之仁」與「陰狠」來比喻這兩個黨黨人的傳統特性，應當是很貼切的。國民黨做事往往是考慮再三，思前想後下不了手；而共產黨是說幹就幹，務必斬草除根，做得乾淨俐落。這也是為何國、共兩黨在長期鬥爭中，國民黨屢屢吃虧的原因。

外力的介入——艾琳達、家博

當然，也有人懷疑林家血案是有上面三種力量之外的外力加入。諸如施明德的美籍太太艾琳達(Linda G. Arrigo)，與案發前七天到臺灣的美籍教授家博(Bruce Jacobs)的行徑，都無法不使人起疑。

凡是了解美國社會背景的人都知道，美國雖是個民主國家，是人權、文化的大熔爐，但是社會階級的格局是很難突破的，上流社會或富家子弟是不輕易與其社交圈以外的人來往的，通婚更不必說了。而一般中上家庭的子女從小亦需自食其力，不能隨便遊手好閒；像艾琳達這樣的美國人，又代表了另一類型的美國人，可以在許多國家看得到，他們通常沒有很好的出身，也沒有富裕的家庭，卻又受過相當的教育，不滿現狀，行為偏激，於是四處遊蕩，選一個自己喜歡的國家落腳，便在當地「混」了起來。試看她被臺灣驅逐出境後，沒有打過一天工，卻能夠來往於美國與日本、香港各地，遊行示威，最後還帶著母親，兩人打扮穿著入時地到香港，面帶笑容地宣稱等著替施明德收屍。

美國有不少經濟有基礎的臺灣旅美學人，在沒有外來經濟支援的情況下，試問幾人能夠這樣做？美國人夫妻間的感情本來就很淡薄，艾琳達與施明德新婚不久，尚且寫信給過去的情人，表示思念之意，以及與施的結合是政治因素等。而今施明德成了階下囚，反而如此關懷備至，難分難捨，豈不可笑。更滑稽的是，美國的丈母娘是人見人「怕」、唯錢是論的老怪物，女婿和丈母娘之間更是水火不相容，艾琳達的母親竟會老遠飛到香港等著替女婿收屍，若不是有綠花花的美鈔打點，那才真是門都沒有。而那些錢是從何處來的？

至於目前被臺灣當局指為林家血案的涉嫌人之一，留著大鬍子的家博，也是位啟人疑竇的人物。家博過去雖曾多次到過臺灣，與非國民黨籍的政治人士亦有來往，但是與林義雄只有一面之緣，並不熟悉。最近一次到臺灣是在今年二月二十一日，卻在短短的七天到林義雄家走動了四次，並在案發前兩天與朋友到林家，磨菇到傍晚還不走，林義雄的太太只得留他吃飯，飯後還在林家看電視到九點多，將第一次見面的林家三姐妹送上床才離去。這種行為無論在中外都是不太尋常的，再說林義雄不在，家中都是婦孺，一個無深交的外籍大男人來來去去，其用心何在，則不得而知。

同時案發後，連續有人指證家博曾於當天中午十二時半左右，到林家按門鈴，一名男子開門讓他進去，並見到他於一點半左右離去。家博雖然否認，卻無法對當天的行蹤交代清楚。臺灣當局為了艾琳達前車之鑑，於是限制家博離境。

呼之欲出的凶手

至目前為止，林家血案仍在撲朔迷離之中，但是根據各方傳聞和許多線索顯示，主凶已呼之欲出，只待將各個疑點銜接上，便可宣布破案。

據臺灣一家與軍方有關係的報紙報導，暗示林家血案的幕後主事者，是個在臺灣頗有社會地位，且知名度很高的人，平時與黨外人士頗有來往，且常常自負地向人表示：「某某人我根本看不起，我叫他做什麼，他就要聽我的。」該報同時還說，若將此人姓名公布出來，會使很多人大吃一驚，事實是否真是如此，還有待證明。

不論古今中外，許多關係重大的行刺案件，往往永遠沒有結果，遠的有美國的甘迺迪總統被刺案，凶手與關係人接二連三被殺害，至今猶在五里霧中；近的有韓國朴正熙總統被刺後，凶犯雖已判了刑，但死因仍交待得不明不白。林家血案雖不能與前面兩件案子相提並論，令舉世為之震驚，然而其對臺灣社會的團結與穩定，影響之鉅大深遠，是遠超過美麗島事件所造成的後果。

以美國警方設備齊全，聯邦調查局組織成員龐大，經費充足，以及人才濟濟，但是，至今猶有許多無法偵破的無頭案，而臺灣的警察辦案經驗與能力，實在令人擔心，在借助了調查局的力量後，情況應該有所轉機。難怪林義雄曾表示，政府公布破案後，他還要親自查個清楚。

母親、稚女遭人殺害，此仇不共戴天，林義雄表明要將血案查個水落石出乃人之常情。然而，對國民黨當局而言，如果說此案事關國民黨在臺灣未來的生存與繼續執政的前途，實亦不為過。國民黨亦必定會全力以赴，以求真相大白，向世人有所交待，還其清白。

1945-1988年兩蔣執政大事記

1945	08/08陳儀出任臺灣行政長官公署行政長官 08/15日本宣布無條件投降 09/09何應欽代表中國接受日本投降
1946	10/21蔣介石、宋美齡赴臺灣參加臺灣光復一週年慶祝大會，27日飛返上海
1947	02/27臺北爆發二二八事件，之後暴亂蔓延全臺
1948	05/10實施《動員戡亂時期臨時條款》 05/20蔣介石就任中華民國行憲後第一任總統，實施憲政 08/19蔣經國赴上海打老虎，發布「財政經濟緊急處分令」 11/01全面撤銷「財政經濟緊急處分令」，打老虎失敗
1949	01/04蔣經國出任國民黨臺灣省黨部主委 01/21蔣介石宣布引退，返回浙江奉化 05/19蔣介石輾轉至臺灣 06/15發行新臺幣 10/25金門古寧頭大捷，國軍殲滅來犯共軍 12/08中華民國政府撤退來臺 12/16吳國禎出任臺灣省主席
1950	03/01蔣介石復行視事 04/17婦聯會成立 06/25韓戰爆發 06/27美國宣布第七艦隊協防臺灣 08/01援韓盟軍最高統帥麥克阿瑟訪臺
1951	05/01美國軍事援華顧問團(MAAG)成立 10/31軍人之友社成立
1952	10/10國民黨第七次全代會（遷臺後首次召開） 10/31中國青年反共救國團成立
1953	04/10吳國禎請辭臺灣省主席赴美 11/08美國副總統尼克森夫婦訪臺

1954	05/20蔣介石、陳誠就任中華民國第二任總統、副總統 11/01蔣經國任國軍退除役官兵輔導委員會副主委
1955	01/19一江山島淪陷，大陳島居民撤至臺灣 05/1創立華興小學及育幼院，安置大陳及一江山軍人子弟及烈士遺孤 10/31孫立人兵變被軟禁，免去所有職務
1956	04/25蔣經國任國軍退除役官兵輔導委員會主委 05/24成立國軍眷屬住宅籌建委員會
1957	10/10國民黨第八次全國代表大會 11/11蔣介石夫婦參觀美國第七艦隊航空母艦海空大演習
1958	07/15蔣經國出任行政院政務委員 08/23金門八二三砲戰爆發
1959	04/17婦聯會宣布籌建萬棟軍眷住宅計畫
1960	05/20蔣介石、陳誠就任中華民國第三任總統、副總統 06/18美國艾森豪總統訪臺 08/20完成二千棟軍眷住宅 09/04雷震被捕入獄
1961	02/01空軍向宋美齡呈獻榮譽飛鷹胸章 03/20 蔣友梅出生 05/14美國副總統詹森訪臺，三度與蔣介石談防共大計 05/26祕魯總統蒲樂多來訪
1962	10/23 孔祥熙來臺小住
1963	06/05泰國國王蒲美蓬暨王后訪臺 11/01國民黨第九次全代會
1964	03/12蔣經國出任國防部副部長 01/21新竹湖口裝甲一師副師長趙志華兵變 04/07美國副總統尼克森夫婦訪臺

1965	01/13蔣經國升任國防部長 03/05陳誠副總統病逝 11/15郝柏村接總統官邸侍衛長
1966	02/28 孔祥熙返美 09/01孫科返臺出任考試院長 11/12陽明山中山樓落成
1967	08/17孔祥熙病逝，蔣緯國陪同宋美齡赴美弔唁
1968	05/10三軍總醫院落成啟用
1969	02/25宋子安病逝香港 03/29國民黨第十屆全會 07/01蔣經國擔任行政院副院長 09/16蔣介石、宋美齡陽明山車禍重傷
1970	04/25蔣經國紐約遇刺 05/30蔣介石健康亮紅燈
1971	04/26宋子文病逝 10/26聯合國通過排除我國會籍
1972	05/20蔣介石、嚴家淦就任第五任中華民國正、副總統 05/29李登輝任行政院政務委員 06/01蔣經國出任行政院長 08/06蔣介石住進榮總第六病房
1973	06/00中東戰爭，第一次石油危機 06/09李登輝出任臺北市長 07/23蔣孝勇、方智怡於士林凱歌堂結婚 09/13孫科病逝臺北 10/16宋藹齡病逝紐約 11/11國民黨十全四中全會，主席團至榮總第六病房晉見蔣介石夫婦 11/12國民黨十全四中全會，宣布推動十項建設 12/22蔣介石出院返回士林官邸

1974	07/30宋美齡因乳癌進榮總第六病房開刀 11/26國民黨十全五中全會，致贈宋美齡最高榮譽之中山獎章 12/27陸軍總司令于豪章直昇機失事重傷
1975	04/05蔣介石心臟病發急救無效，23:50逝世 04/06嚴家淦繼任總統 04/16蔣介石靈柩奉厝桃園 04/28蔣經國當選國民黨主席 09/17宋美齡搭專機赴美
1976	04/02宋美齡返臺參加蔣介石逝世週年紀念會 08/23宋美齡搭專機返紐約 10/10省主席謝東閔因炸彈郵包傷手，黃杰、李煥同時接獲郵包 11/12國民黨第十一屆全會
1977	06/09蔣經國指示武器不得借給他的家屬使用，恐孝武、孝勇兄弟不合生事端 10/11十大建設結束，再推十二項建設 11/19臺灣地區五項公職選舉，爆發中壢事件 12/14嚴家淦致函國民黨中常會，提名蔣經國為下屆總統候選人
1978	01/01國民黨臨時中常會，嚴家淦推舉蔣經國為總統候選人 02/14國民黨中山樓二中全會通過提名蔣經國、謝東閔參選第六任正、副總統 03/22國民大會投票通過蔣經國、謝東閔當選第六任正、副總統 05/20蔣經國、謝東閔就任中華民國第六任正、副總統 12/16美國承認中華人民共和國（1979年1月生效）
1979	01/01美國與與中華民國斷絕正式外交關係 04/04蔣經國提出「三不政策」 05/16林毅夫叛逃 07/14美方特勤人員不再負責宋美齡在美安全 12/11高雄市發生美麗島事件

1980	02/28發生林宅血案 04/04中正紀念堂落成
1981	03/29國民黨第十二屆全會 05/29宋慶齡病逝北京 12/01陳守山出任臺灣警備總司令（軍隊本土化） 12/05李登輝出任臺灣省政府主席
1982	07/24中國人大副委員長廖承志公開致信蔣經國，呼籲國共三度合作，蔣經國重申「三不政策」
1983	03/24李光耀夫婦訪臺見蔣經國 09/00王昇外放巴拉圭
1984	02/15國民黨二中全會通過提名蔣經國、李登輝為第七任中華民國正、副總統候選人 02/24行政院長孫運璿腦溢血病倒 03/31國民大會投票通過蔣經國、李登輝為第七任中華民國正、副總統 05/25俞國華接任行政院長 09/21推動十四項建設，照顧農漁民及勞工 10/05江南案
1985	12/09宋美齡右腿骨折，住進康乃爾大學醫院
1986	06/08蔣緯國出任國家安全會祕書長 06/08汪道淵任國防部長 09/19嚴家淦中風住進榮總第六病房 09/28民進黨正式宣布成立 10/07蔣經國告知《華盛頓郵報》，中華民國即將解嚴，開放組黨 10/25宋美齡返臺參加蔣介石百年誕辰紀念

1987	04/17林洋港、汪道淵調任司法院正副院長 07/15宣布解嚴、外匯自由化、實施《國家安全法》、港澳觀光解禁 11/02宣布開放大陸探親 11/18孔令侃、孔令偉陪同宋美齡參觀國家音樂廳 12/25蔣經國坐輪椅出席行憲紀念日大會，民進黨國代舉白布條抗議
1988	01/01正式開放報禁 01/09中科院核研所副所長張憲義叛逃美國 01/13蔣經國過世，兩蔣時代結束 01/13李登輝就任中華民國第七任總統 07/07國民黨第十三屆全會 07/27李登輝當選國民黨主席

1989-2005年蔣家親屬大事記

1989	04/14蔣孝文病逝臺北
1991	07/01蔣孝武猝逝榮總
1994	11/08孔令偉病逝臺北
1996	02/24章孝慈病逝臺北 12/22蔣孝勇病逝臺北
1997	09/22蔣緯國病逝臺北
2002	12/24章孝嚴認祖歸宗改姓蔣
2003	10/23宋美齡在紐約過世
2004	12/15蔣方良病逝臺北
2005	08/20徐乃錦病逝臺北
2010	05/19俞揚和病逝舊金山

HISTORY系列 028

近看兩蔣家事與國事：一九四五～一九八八軼事見聞錄

作者—鄭佩芬
主編—邱憶伶
特約編輯—劉慧美
責任企畫—葉蘭芳
封面設計—比利張
版面設計—潘小麥

總編輯—李采洪
董事長—趙政岷
出版者—時報文化出版企業股份有限公司
一〇八〇一九臺北市和平西路三段二四〇號三樓
發行專線—（〇二）二三〇六六八四二
讀者服務專線—〇八〇〇二三一七〇五・（〇二）二三〇四七一〇三
讀者服務傳真—（〇二）二三〇四六八五八
郵撥—一九三四四七二四時報文化出版公司
信箱—一〇八九九臺北華江橋郵局第九九信箱

時報悅讀網—http://www.readingtimes.com.tw
電子郵件信箱—newstudy@readingtimes.com.tw
時報出版愛讀者粉絲團—http://www.facebook.com/readingtimes.2
法律顧問—理律法律事務所 陳長文律師、李念祖律師
印刷—華展印刷有限公司
初版一刷—二〇一七年三月十日
初版四刷—二〇二二年九月二十日
定價—新臺幣三五〇元
（若有缺頁或破損，請寄回更換）

時報文化出版公司成立於一九七五年，
並於一九九九年股票上櫃公開發行，於二〇〇八年脫離中時集團非屬旺中，
以「尊重智慧與創意的文化事業」為信念。

近看兩蔣家事與國事／鄭佩芬著.
-- 初版. -- 臺北市：時報文化，2017.03
面； 公分. --（HISTORY系列；28）
ISBN 978-957-13-6931-0（平裝）
1.蔣中正 2.蔣經國 3.傳記
005.32 106002306

ISBN 978-957-13-6931-0
Printed in Taiwan